ちくま文庫

ボン書店の幻

モダニズム出版社の光と影

内堀弘

目次

資料

昭和６年頃の鳥羽茂。

ボン書店の幻

モダニズム出版社の光と影

書籍撮影　坂本真典

こんな逸話がある。大震災直後の東京に「バラック装飾社」を名乗る連中が現われた。彼らは瓦礫の中に建つバラックを「これは未来派風にしよう」などと言いながらペンキで塗りたくりはじめたのである。都市全体を新しい色に塗りかえていこうというこの破天荒なエネルギーは新しい時代の幕開けになんともふさわしかった。どこか偽物っぽい猥雑さと、弾けるような感性の躍動、「モダニズムの時代」と呼ばれる眩しい風景が姿を見せはじめた。

「モダニズムの時代」、これは一般的に一九二〇年代中盤から一九三〇年代初頭にかけてを指している。もちろん前史があり、持続と変容の後史があるわけだが、この一時期に弾けた新しい感覚は誠に際立っていたと言わねばならない。なにしろカフェの装飾から足袋屋の看板に至るまで「レスプリ・ヌウボオ」（新しき精神）の息吹が溢れていたのだ。

さて、この時代も後半にさしかかった頃である。ボン書店という小さな出版社が姿を現わした。出版社といっても社員を雇い事務所を設け、というのではない。たった一人で活字を組み、自分で印刷もして、好きな詩集を作っていたらしい。こんな小さな出版社だったが一九三〇年代初頭から北園克衛、春山行夫、安西冬衛、山中散生というモダニズム詩人たちの詩集やシュルレアリスム文献を次々と送り出してゆくことになる。そして数年後、彗星のように消えてしまった。

半世紀が過ぎて、この小さな出版社には「幻の」という言葉がとても似合うようになってしまった。あれは何だったのか、よく分からなくなってしまうと私たちはいつもこの便利な形容詞を付けてしまう。だが、モダニズム詩に興味を持った人ならばどこかでこのそっけない名前の「幻の出版社」に出会っているはずだ。

ボン書店の書物はいずれも少部数の出版だったが、今もこの時代をよく映した詩書として取り上げられている。理由は二つある。まずこの小さな出版社がラインナップした著者（詩人）たちの顔ぶれである。彼らの多くは今でこそモダニズム詩の中心的な詩人として評価を得ているが、当時はまだ新鋭詩人の一人にすぎなかった。つまり、若かった頃の彼らを追えばボン書店の名前にぶつかることになる。もう一つはこれらの詩書に共通する卓越した造本感覚である。ル・コルビュジェの建築やエリック・サティの音楽に現われたシンプルでしかし洗練された感性は当時のモダニズム詩人に大きな影響を与えているが、ボン書店の書物にもこの感性が充分に生かされていた。華美に走らず通俗に陥らず、作品を盛る器（書物）の簡素な美しさは今も色褪せてはいない。作品はこの器（書物）を求めた、そんなオリジナル性としてボン書店の名前は姿を見せる。

では、このボン書店とは何だったのか。

ボン書店の刊行書には「刊行人・鳥羽茂」と必ず印刷されている。だが、この無名な人物はいったい何者なのか、なぜ鳥羽茂のもとにモダニズムの新鋭詩人たちが集まってきたのか、そしてなぜ彼の名前だけが記録されないままにいるのか、こんな舞台裏のことは「もう分からないこと」になってしまっている。

なぜ書物というものは著者だけの遺産としてしか残されないのだろう。幻の出版社といえば聞こえはいいが、実は本を作った人間のことなどこの国の「文学史」は端から覚えていないのではないか。とすれば、なんとも情けない話だ。ボン書店についてもその活動は何も記録されていないし、資料も残されていない。送り出された瀟洒な書物だけがポツンと残されているだけだ。

モダニズムの時代に風花のように舞って消えていったこんな小さな出版社の物語を掘り出してみたい、というのが本書の筋書きである。だから、これは著者（作家）の側の記録ではない。書物（出版）に短い生涯を費やし、そして忘れられていった人物、この誰なんだか分からない普通のおじさん（お兄さんかもしれないが）を探しに行こうというのである。書物の舞台裏にも物語はあるはずだ。

第一章　ボン書店の伝説

鳥羽茂伝説

「(鳥羽茂が)昭和初期における詩書刊行者として特異な存在であったことは、記録されねばならない」(『童貞女受胎とその周辺』)、一九三〇年代の代表的なシュルレアリスト山中散生は自著の中にこう記している。といってもこれは昭和三十六年のこと、すでにボン書店が姿を消して四半世紀の時間が過ぎようとしていた。山中散生自身もその後にこの記録を残すことはなかった。

まことに「文学史」というものは本を書いた人と、書かれた本とによる便宜上の歴史であって、ここには身を削るようにして書物を送り出した「刊行者」の存在など入り込む余地はない。「記録されねばならない」と言ったところで、されようもないのだ。

ボン書店が活動したのは昭和七年から昭和十三年にかけてのほぼ七年間と考えていい。昭和十四年、刊行人の鳥羽茂は詩人たちの前から姿を消している。そしてほどなく、風の噂が彼の死を伝えた。彼に一片の追悼文も贈ることなくこの国の詩壇は戦争を迎え、まるで先天的な記憶を失ったように戦後を迎えた。

その後、鳥羽茂の名前は春山行夫らの回想に僅かだが姿を見せていた。いったい鳥羽茂とは何者だったのだろうか、という伝説の人物として。

昔はこんな変わった出版社もあった、そんな風聞の中に「書物を作った人」の物語など消えていってしまうものらしい。

だが、そんな逸話に納まりきらない何かがこの小さな出版社にはあったのかもしれない。春山行夫や山中散生など同時代を生きた何人かの詩人は、戦後になってもなお、この小さな出版社の無名な刊行人の名前を伝説の人物のように取り上げようとしている。つまり、ボン書店という名前はこの半世紀を噂や伝説として生きのびていた。この小さな出版社はどんな詩集を送り出したのか、鳥羽茂とは何者なのか、そんなことが何も記録されていないのに、それでもこの伝説は「当たり前の記録」の外側で消えていくことはなかった。何故だろう。

ボン書店の伝説、それはどんなふうに作られてきたのだろうか。戦後十年ほど過ぎた頃に春山行夫が書いたこの一文を見てみよう。

「私は、日本の詩集出版の歴史に一つの美しい伝説をのこした青年について、書きのこしておきたい。昭和八年頃だったか、鳥羽茂という詩の好きな青年が現われて、ボン書店という名で小さな詩集の出版を始めた。書店というとたれもが店を連想するが、彼の場合は単なる象徴にすぎなかった。彼は詩集を出版する目的でどこかの小さい印刷屋に入ってその二階に住み、昼間は印刷を手伝いながら、夜や日曜日にコツコツと自分で活字を拾って、そのころ最も新しい詩を書いていた詩人たちの詩集を出版した。彼はなかなかの芸術家で、自分で出版する詩集の内容や本の型や装丁等に洗練された趣味を生かした。たいてい五〇ページ以内の小型の本が多かったが、中には英米の新しい傾向の詩人たちの翻訳で、彼の手によらなかったら出版されなかったと思われるものもあった。ボン書店の詩集は現在では日本の詩集中で珍本中の珍本の一つとして扱われている」

「彼が、十数冊の詩集を出したあとで急に姿を消してしまった。伝え聞くところによると、彼は詩集を出しているあいだに結婚して、細君と二人で仕事をしていたところ、二人とも病気になって田舎で死んでしまったといわれている。彼らの郷里がどこであったのか、いつ頃彼らが世を去ったのか、一切のことがわからない。詩集を作っても売れる数はごく僅かだったので、それに投じた費用は戻らなかった。鳥羽君は夫婦で働いて金を残し、数カ月たっていくらかの金額にまとまると、それを惜し気もなく詩集出版に投じた。私は芥川の「詩集」という小品文をよむと、いつも鳥羽茂君のことを思い出す。小柄な、背のひくい、少し神経質な青年だった。彼も詩を書くつもりで東京に出てきたのであろうが、その情熱を詩集という形で残したのであった。私はこの夫妻の生涯を思うと、清らかな詩を感じずにはいられない」（春山行夫『詩人の手帖』昭和三十年、河出書房）

同時代を生きた詩人の懐述がもうひとつある。やはりモダニズムの詩人として知られる岩本修蔵の「詩集について」というエッセイにそれは収められていた。

「今から二十年ばかり前、『マダム・ブランシュ』を発行していたボン書店は実にいい詩集を出版していたものだった。出版王をねらわず区会議員をねらわず、間抜け通した経営者の鳥羽茂は、やはり詩人でぼくらの仲間だった。当時ぼくらの勉強に必要な詩集の中で、厚生閣と第一書房あたりのものと並べて、ぼくらはボン書店の限定出版を待たねばならなかった。というより、ソロバンのはじけないような詩集をボン書店が出してくれたことが、どんなに詩文学のために役立ったか知れない。ぼくらはこれでポエジイの気高さを知ったのだ。現代詩の水準をささえている力の一つに、ボン書店の仕事が大きく数えられるべきだと思う。

それから戦争が始まり、戦争が終った。ボン書店もいつの間にかなくなっていた。店主の鳥羽茂はとっくに死んであとかたもなかった。しかし、ボン書店発行の本は全国の古書店で宝石のように珍重がられ、乾ききった日本人たちをうるおした。今ではもうロマンチックな伝説めいてしまったが、ボン書店の功績は歴然としている。誰もそのことを認めている。へボたちでさえ、そのことを知っている」（岩本修蔵『詩人の手帖』昭和四十八年、薔薇科社）

この岩本のエッセイは昭和三十年の三月に書かれ、紀伊國屋書店のPR雑誌『机』（北園克衛編）に発表されたものであった。春山行夫の懐述とほぼ同じころである。ボン書店、あるいは鳥羽茂についてこれ以上のことは何もわかっていない。春山が書いたボン書店の像は、はかなく、美しいものだ。印刷屋に住み込みながら、夜間や日曜の時間に活字を組み好きな詩集を作っていた。そうやって送り出された美しい詩集の影で、鳥羽茂は若くして病に倒れ消えていってしまった。春山のこんな記述はボン書店を幻の出版社として改めて人々に記憶させせることになる。

だが、どこか妙ではないか。

春山も岩本も、そして先に紹介した山中散生も、同時代をボン書店と生き、こんなにも評価しているのに、鳥羽茂のことになるとなぜか伝聞めいた表現が多くなる。「伝え聞く」ことでしか姿を見せない鳥羽茂とは何者だったのか。「誰もが認めている」ボン書店の「歴然とした功績」とは具体的に何なのだろうか。鳥羽茂が生み出したボン書店という物語はここでも掘り出されてはいない。

残されたいくつかの破片（書物）と、その破片に映された尖端の風景を頼りに、伝説の入り口から一九三〇年代へ進んでみることにしよう。もちろん、ボン書店を訪ね、鳥羽茂に出会うために、である。

サティを聴きながら

一九二〇～三〇年代の代表的な詩書の出版社としては第一書房が知られている。この出版社の詩集に共通するのは、ひとつにはその時代のスタンダードな詩人を選んでいることであり、もうひとつはその装丁の豪華さであった。堀口大学の『月下の一群』や『萩原朔太郎詩集』という名前をあげてもいい。これらは革装丁に金装飾、かつてこの国では見たこともないような豪華で美しい詩集に仕上がっていた。

ボン書店はそのすべてにおいて逆であった。もちろん資力において圧倒的な違いもあった。こちらは、まだ若くそう名前も知られていない新鋭たちの詩集を、シンプルな形で送り出していた。豪華という言葉からは遠いかもしれない。だが、瀟洒という点では第一書房の詩集を遥かに凌いでいた。

ボン書店が出した北園克衛の『若いコロニイ』という詩集を見てみよう。これは掌にのるほどの小さな詩集であった。第一書房の豪華な詩集に比べれば、それこそ付録

第一書房刊行の『月下の一群』(堀口大学) とボン書店最初の刊行詩集『若いコロニイ』(北園克衛)。

のような代物である。こんなに小さな詩集を他に見つけることはできないはずだ。これがボン書店の処女出版であった。一九三二（昭和七）年、夏の出来事である。この小さな詩集の表紙には当時バウ・ハウスに参加していたモホリ・ナギのモノクロ写真が使われていた。今手にしても「大胆尖端」な作りである。

当時の人々にとってボン書店の詩集は「意外」なものだったかもしれない。書物としての重厚さや豪華さというものがここにはほとんどないからだ。

たとえば、そのころのちょっとした文学書を見てみよう。まず大抵の本は「天金」装丁であった。今ではほとんど見かけないが、本の天の部分に金箔をつけるという装丁だ。また、表紙に革を使うのも重厚さを増す要素のひとつであった。もちろんこれらは欧米の書物の真似で、高温多湿のこの国でなじむものではなかった。こんな逸話が残っている。表紙を総革装にし、小口三方を眩いばかりの金装にした自著を見た著者が思わずこう感想を漏らした。「生きながら仏壇に入れられたようだ」。このころの豪華な書物は仏壇のように重厚であった、とも言えたのだ。

ところで、ボン書店の詩集にはこの天金装も革装もなかった。当時の風潮から見ればやはり変わっていたのである。材料は常に「紙」であった。書物を紙だけで作るという最もシンプルな方法にこだわっている。たとえば、柔らかい紙に強く活版を押す、活字の部分が少しへこみ、まるで紙に文字が刻まれたような鮮やかさを生み出す。そんな、なんでもない素材の効果をボン書店はさりげなく印象づける。このような手法は他にも見られる。小さな詩集でも余白を大きく取ることでそこに刻まれた作品を浮き上がらせている。また、薄い詩集であっても表紙を重く厚い紙にすることで書物の存在感を際立たせる。そんなふうに一冊ごとの顔を持たせていた。

だから、うっかり何かに挟まると、それきりどこかへ消えていってしまうような小さくて薄いボン書店の詩集も、しかし決して貧相な印象を与えなかったはずだ。むしろ重厚でも立派でもない書物に、人は素敵なものを見たにちがいない。

小さくてシンプルな詩集が現われた。やはり、これは出来事であった。若くまだ無名の詩人たちは、もう秋刀魚を焼きながら遥かな巴里を想うことは止めにしていた。家に帰れば着物姿の彼らも、銀座のカフェでエリック・サティを聴きながら暇をつぶしていたのである。そんな彼らのもとに、このスタイリッシュでシンプルな詩集はやってきた。レスプリ・ヌウボオの風の匂いをさせながら、である。

「銀座のペーヴメントを、この詩集を手にして、ターキー・ミズノエが颯爽と歩いて行くのを、ボクは見ました。可愛いゝ真紅の匣とクッキリと白い彼女の手と、そして黒いベレ。それをボクは眼を輝かせながら見送りました（中野M）」

昭和八年にボン書店から刊行された渡辺修三の詩集『ペリカン嶋』の広告にはこんな「読者の声」が載った。小さな純白総アート紙本。これを薄い真紅の函に収めている。鮮やかなコントラストであった。

確かに、少女歌劇の水の江滝子はこの本をアクセサリーのように大事そうにしていたらしい。それを作家の寺崎浩がたまたま目にして渡辺修三に知らせている。この投書はそれを耳にしたボン書店の鳥羽茂がアレンジして作り上げたようだ。[1]

おそらくこの話を聞いて鳥羽茂は小躍りして喜んだにちがいない。ボン書店は新しい詩や感性が分厚い美学書や哲学書の向こう側にはもう残ってないことを感覚で知っていた。新しい詩集は新しい形を求めるように、新しい場所を求めていた。スーパーアイドルのターキーさんの小脇、場所としては申し分もなく尖端である。

生キタ詩人叢書の計画

当時の詩雑誌を見ても、ボン書店の登場がなにか画期的であるかの紹介は全く見られない。『文芸汎論』の岩佐東一郎がいつも好意的に紹介をしていたぐらいで、あんな薄っぺらい詩集で銭を取るのは詐欺だと揶揄もされないかわりに、誉められもしなかった。だが、この試みを誰よりも楽しんでいた男がいる。ボン書店の鳥羽茂本人である。彼が始めたこの試み、つまりボン書店の出発とはどんなものだったのだろうか。

ボン書店の開業は春山行夫の回想によれば昭和八年頃となっているが、これは七年の八月であった。先に紹介した北園克衛の詩集の他に竹中郁の『一匙の雲』という詩集を全く同じ形で刊行している。鳥羽茂はこんな小さな詩集に新しい詩人たちの新しい詩を載せて次々と送り出そうとしていた。この試みの手伝いをしていたのが春山行夫であった。春山が詩人を紹介し、鳥羽が本にする、話はこんな具合になっていた。だから、最初の出版に際し春山はボン書店の創業宣言とも読める文章を広告に載せて

Les Cahiers Vivants

春山行夫氏著
詩集 シルク&ミルク

北園克衛氏著
詩集 若いコロニイ

竹中郁氏著
詩集 一匙の雲

近藤東氏著
詩集 抒情詩娘

各二百部限定。北園克衛氏裝ヴクトリヤ二度刷美本。ボン書店創案新四六半截横綴「抒情詩娘」は本文總アアト紙何れも殘部僅少。頒價二十錢

春山氏の「シルク&ミルク」には「植物の斷面」以後の新作中の小品の殆んどすべてが、北園氏の「若いコロニイ」には「白のアルバム」以後の作品の中最もスイイリッシュな作品が、竹中氏の「一匙の雲」には今度の「象牙海岸」の中にも輯錄されなかつた氏のスナップショットとも云ふべき小品が輯められてゐます

近藤氏の「抒情詩娘」は著者の最初の詩集でその佳品を網羅してゐます。かつて「改造」で激賞された二篇の作品も輯められてゐます。

諸家の「カイエ」評

★岩佐東一郎氏　小型の佛蘭西菓子の樣におしやれな本である

★龜山巖氏　慌て者が見たら脂とりの化粧紙と間違へさうなほどキレイな詩集である。しかもその小さいこと。洋封筒に入つてゐたときには手紙かしらと思つたほどだから判るだらう。裝幀は北園克衞氏のヴアニテイフエアア好み、どこからどこまで氣のきいた近來にない詩集である。かうした斬新な試みを敢行した書店の主人に敬禮したい。

★長谷川已之吉氏　非常に好ましい詩集だと思ひます。今後はこのやうな詩集が流行しませう

★上林曉氏　瀟洒な詩集！

（一匙の雲）

「留針で捕へた蝶ら」といふ十二章から成るデッサン集と「リトマス氏感覺反應紙」といふ巴里懷古集とより成るのがこの詩集の內容である。前者は氏の未來への道程である。冷たい理智の額である。後者は、氏のなつかしい巴里スナップである和やかな抒情の瞳である。

岩佐東一郎氏

（若いコロニイ）

北園氏の言葉は綺麗に磨き上げた硝子細工である。しかも角度角度で光る皮肉を忘れてはならない「美しい秘密」『海の日記』「六月の蜜柑水」『海のスキヤンダル』『Bell de Jour』など、いづれも言葉の繪具で描かれたシネマのポスターである。僕はこの小詩集を限りなく好むのである

岩佐東一郎氏

（抒情詩娘）

新鮮なる思想と言葉に感心いたし居り候

中河與一氏

貴兄は久しい僕の詩敵（シカシ「抒情詩娘」ノ前デ僕ハ白旗ヲ上ゲマス）であつた。

邊渡修三氏

快適な美しい本ですね。戰捷碑。柵。スロオプ。ではじまる

Mons Pubis の詩體。かつて小生を隨分おどろかせたこのキラピヤカな品は、この詩集の中で今でも大いに食慾のある半頁です。小生はこの手帳を懷中にねじこんで來月早々旅に出るでせう。

岡崎清一郎氏

詩人として僕のもつとも好きな詩風。

吉行エイスケ氏

愉快な朗らかな氣分になつてゐます。それに內容が暖く讀者をたのしませます。（中略）「レモン型のフットボール……女は祖國の政府を……」此の章は最も絕妙なるものと三嘆を久しうしました。

山村順氏

現代頽廢主義の滿開をこゝに見出で、古昔のローマの空を思ひ浮べました。

佐藤一英氏

右ページ、「ボン書店月報」（昭和8年1月）に載った「生キタ詩人叢書」への各氏評。

昭和7年8月、広島で発行された『内海文学』1号（坂本哲郎編）に掲載された広告。ボン書店の広告としては最初のものである。なかで「プラケット版」と表記されているが、これは「ブラケット」の誤植。

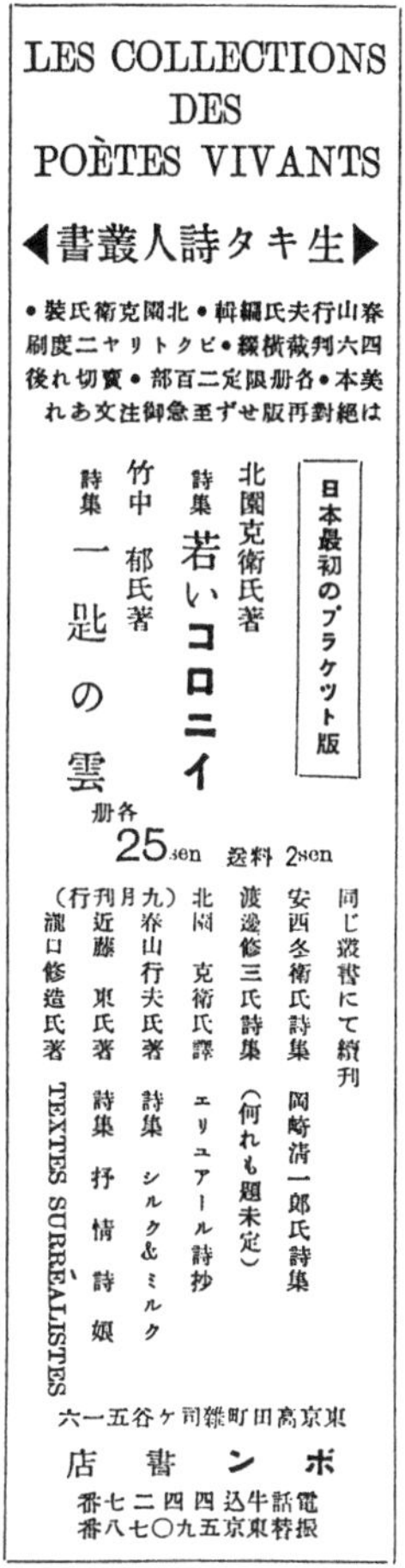

いる。やや長いものだが全文を紹介しよう。

「Les Cahiers Vivants」

コクトオもジアコブもサンドラルスもエリユアアルもカルコもサルモンも、フランスの詩人達はみんな気に入つた小さな詩集で詩人の名乗りをあげました。ストック書店の Les Contemporaines は僅か一フランでコクトオの『職業に秘密』やジアコブの『骰子筒』やサルモンの『帽子ノ中ニ発見サレタ原稿』などといふ代表的な作品を出しました。我々はバラの花がそれぞれの開花とともに直接にその香気を放つやうに我々の小さな詩集を世に送りたいと思ひます。しかしこの試みはあくまでもアマチュアの楽しみです。ですから部数も尠く宣伝もあまりできないだらうと思ひます。私はバラの花がその咲いたばつかりの最も美しいところを直接見ていただきたいと思ひます。この美しさは束の間です。束の間のものであればこそそれだけがこのカイエの目的ですが、このことはしかしそれだけで十分意義のあることだと信じてゐます。

春山行夫(2)

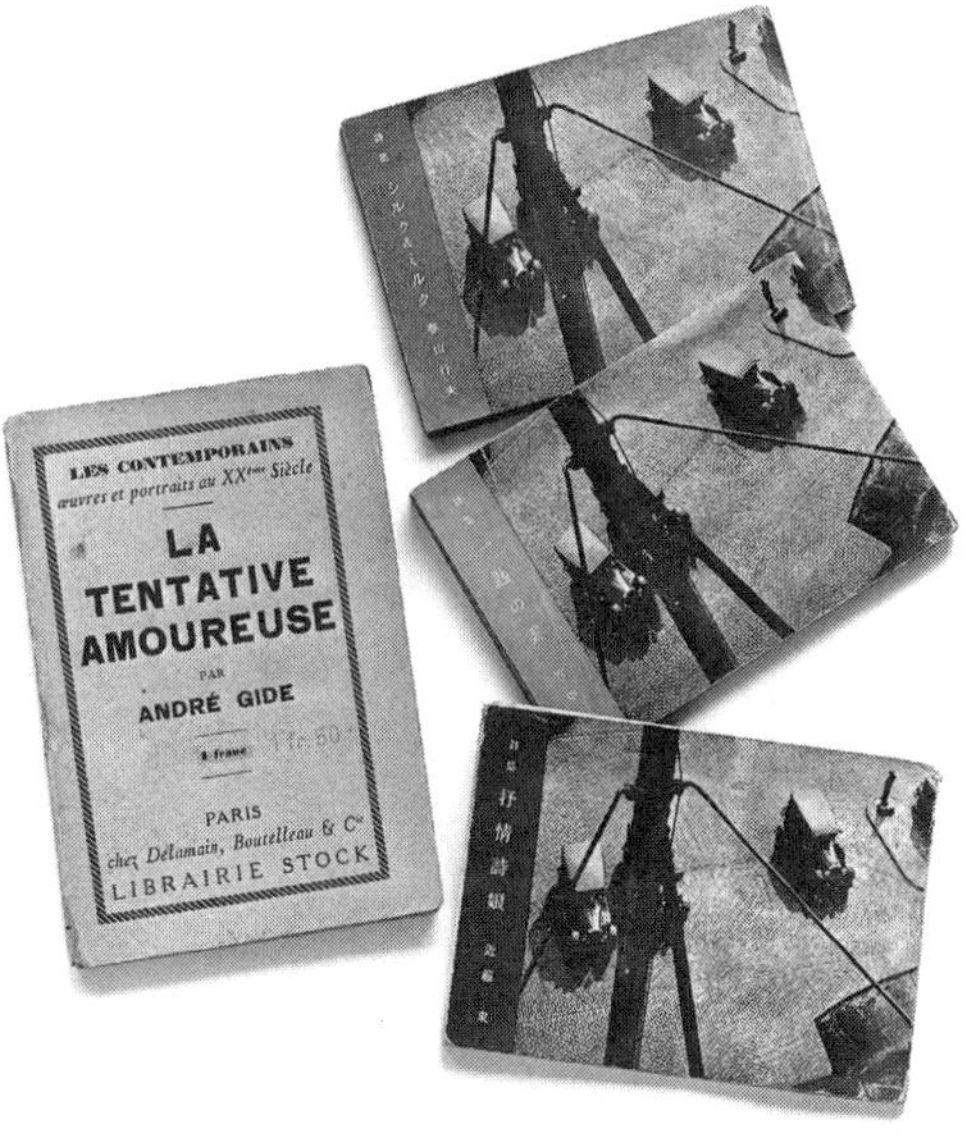

「生キタ詩人叢書」とその手本となったストック書店版「現代叢書」。左側の書名の部分をそれぞれ色違いにしている。

この広告は昭和七年の八月から秋にかけていくつかの雑誌に載っている。なかにはそっと春山行夫の名前を削って、いかにもボン書店の創業宣言という体裁になっているものも見られる。

さて、最初の小さな詩集はフランスのスコット書店が出していた「Les Contemporaines」(現代叢書)を手本としていた。「現代叢書」というのは文庫本よりも小さな作りで、本文はザラ紙を使うシンプルな造本であった。この叢書は同じ形で何十冊も刊行されているが、ボン書店もそんな小さな詩集をどんどん送り出そうと考えていたようだ。第一書房がヨーロッパの重厚な書物を真似して豪華な詩集を作ったように、ボン書店もそれなりにあちらを真似していたのである。

同じ形でどんどん作る、となると「現代叢書」のように何か叢書名が必要になった。ボン書店も広告では「生キタ詩人叢書」と名付けてはみた。が、以下続刊と宣伝はしたものの秋に春山行夫と近藤東の二冊の詩集を出して結局四冊でこのシリーズは終わってしまう(3)。

確かに、何十冊もの詩集がみんなこの装丁で出ていれば、それはそれで面白かったかもしれない。だが、鳥羽茂にすれば同じ顔の詩集は四冊も作ればもう充分だったよ

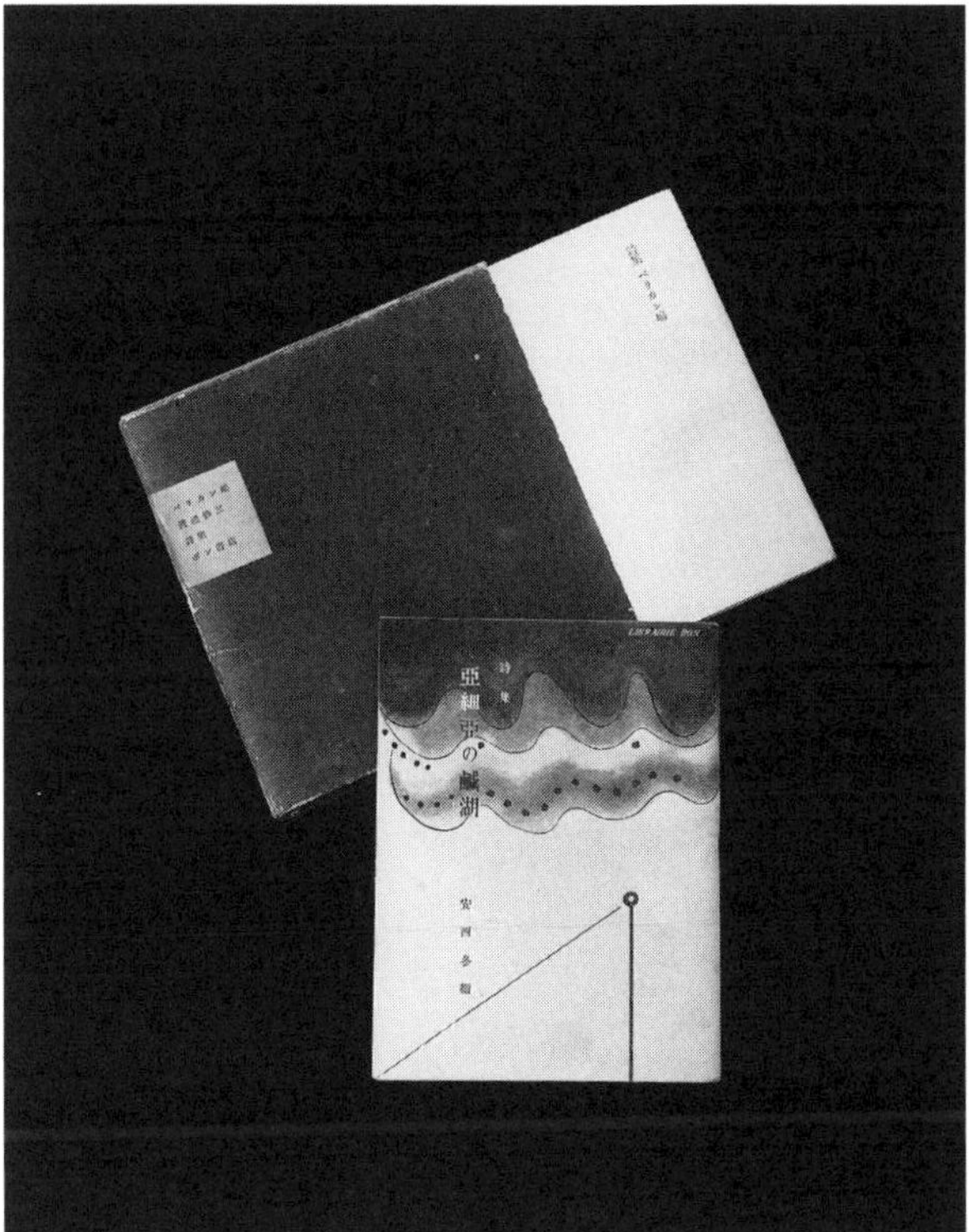

真紅の函に収まる『ペリカン嶋』（渡辺修三）。『亜細亜の鹹湖』（安西冬衛）は阿部金剛の装丁。

『円錐詩集』（北園克衛）と『青の秘密』（岩本修蔵）は同装丁の姉妹本。いずれも昭和 8 年刊行。

うだ。

安西冬衛の詩集『亜細亜の鹹湖』を刊行したのは年が明けて昭和八年の一月だった。本の大きさは丁度倍になった。そして顔も変わった。この斬新な表紙はシュルレアリスム画家の阿部金剛によるもので、なかなかに凝ったものであった。どう凝っていたか。この詩集の表紙をよく見てみると図柄は直接印刷されたものではない。表紙と同じ大きさの薄い和紙に印刷された阿部金剛の絵を一冊ごとに貼っているのだ。なにが悲しくてこんな面倒なことをしなければならないのか。だが、これがいかにも鳥羽茂らしかった。しかもこの詩集の定価は二十五銭、かねてよりの念願だった「普及版による豪華本」であると鳥羽は大いに満足したのである(4)。

こんな調子でボン書店は小さな詩集を少部数ずつ刊行していく。昭和八年の六月には阪本越郎の詩集『貝殻の墓』を、九月にはターキーが小脇に抱えていたあの『ペリカン嶋』を、そして十月には岩本修蔵の第一詩集『青の秘密』、北園克衛の『円錐詩集』を刊行する。すなわち、昭和七年の夏からほぼ一年半、この間にボン書店は九冊の詩集を刊行したことになる。

アマチュアの時代

ところで、一年半に九冊という出版点数は商業出版として食べていけた数字だろうか。これらの詩集が一冊三十銭そこそこの定価で二百部内外の少部数であったことに留意するなら、これは難しい数字、と考えるべきだろう。つまり、九点の総印刷部数は二千部そこそこにしかならない。なんのことはない、ボン書店はこの一年半に二千部刊行の本を一冊しか出していないのと同じなのだ。しかも悲しいほどに手間をかけて、である。

さて、鳥羽茂が食えもしないのに情熱を傾けていたころの出版界の様子はどうだったのだろうか。

出版界ではひとつの嵐が終わりを迎えていた。昭和二年に始まったいわゆる「エンポン」の嵐である。一人の作家の何冊分かの作品が一冊に収まって定価は一円、すなわち一円本（エンポン）である。それをもって構成される日本文学全集、世界文学全集の類が大当たりした。当時不況に苦しんでいた出版界は争うようにこの「エンポン全集」に参入し、数十万部数百万部という規模でこれらを送り出した。まさに空前の出版ラッシュの到来である。出版社の倉庫では何十人ものパートのおばさんがせっせと荷造りをし、本屋の店頭には「エンポン」ののぼりが何本もはためいていた。

こうして世の中を本だらけにして、昭和六年頃にこの嵐はおさまった。半世紀が経った今も、エンポンは消えることなく古書店の均一棚で西日を浴びている。嵐の猛威は推して知るべしである。

廉価版全集の大量出版大量販売は確かに出版市場の大衆化を産み、出版社の在り様も変えている。たとえば、限定版の文学書出版で知られた江川書房の江川正之は当時こんなことを言っている。

「千部乃至二千部程度の単行本が、五六百円の広告費では六割近い返品を覚悟しなければならない時勢には五百部内外の限定版を以って純粋文学の本の根絶を防ぐより他に手がないのである。思えば情けない時勢である」（『書物』二巻四号、昭和九年、三笠書房）

つまり、何千円もの広告費をかけて何万部もの本を売る、そんな巨大な流通機構の前で小さな出版社が純文学書を出版しようとすれば、少部数の限定版出版を選ばざるを得ない状況になっていた。

江川書房が「思えば情けない」とぼやいていたころ、鳥羽茂も『ボン書店月報』という読者への通信にこんなことを書いていた(5)。

「ボン書店は、営業を第一目的とする一般図書出版書肆と異り、よい本を、出来る限り立派な装丁で作り、煙草を買ふやうな、軽い気持ちで求められる廉価で頒ちたい、と考へてゐます。だから定価が実費であつたり、ときには実費以下であつたりしますが、このことは私自身が、一個のアマチュアであることを承知下さるならご諒解願へるだらうと存じます。自分の好きな本を、好きなやうに作つて、自分の必要な部数だけに対する代金を負担し、残部を他人に負担して貰つてゐる本屋だとも言へませう。私のこの計画により多くの理解者を得ることを切望して止みません」

アマチュアの出版というのは、別に素人出版とか、余暇を利用した遊びという意味ではない。たとえば、若い詩人たちの兄貴分的な存在だった北園克衛は、詩人にとってのアマチュアリスムの重要性を説いていた。つまり優れた水準は今やアマチュアリスムとして実現される、という意味で鳥羽茂は充分に「一個のアマチュア」、すなわち個人であった。

そうは言っても、原稿用紙になにか書くのとは違って、出版は金のかかる仕事である。何人かの回想は鳥羽茂に金銭的な余裕があったようには描いていない。はたして、鳥羽茂のボン書店計画の台所事情はどうだったのだろうか。

ボン書店に関する直接的な資料は何も残されていない。だが、周辺の詩人たちによる自著の回想がこのころのボン書店を側面から照らしている。

たとえば、近藤東は「処女詩集の頃」（『詩学』四巻四号、昭和二十四年）の中でこんなことを書いている。処女詩集『抒情詩娘』はボン書店創業のころに出たとても小さな詩集の一冊だった。近藤は刊行に際し「無稿料の上に十円を負担した」そうだ。印税なし、というのは驚くようなことではない。むしろ、若手詩人の場合は自費出版が当たり前であった。では、ここで近藤東が負担した十円は「自費」にあたるだろうか。この詩集は限定二百部、定価は二十五銭であった。当時の印刷屋が出している自費出版詩書の料金表から考えるとこの詩集は二十五円ないし三十円が相場のようだ。少なくとも、十円という金額は近藤東の自費出版といえる数字ではない。せいぜい著者が一部を負担したというところだ。つまり、これは自費出版ではなく、著者と鳥羽茂との共同出版と考えられる。

安西冬衛の詩集『亜細亜の鹹湖』についても、同様な事情がうかがえる。安西は大の日記魔だったようで、全集に収録されている当時の日記にもこの詩集に関する克明な記載がある。『亜細亜の鹹湖』は限定三百部の刊行だったが、大連にいた安西のもとには寄贈用として六十一冊が送られている。これを定価に換算すると十五円、おそらく安西が負担した金額と考えていいのではないか。ところで、残りの二百三十九冊の方はどうだったのだろうか。刊行の一カ月後に安西は鳥羽茂からの手紙で「予約者二十一名、発行してからの注文者十名」と知らされている。安西は「小額でも予約してくれる人はよくよくの人」だと感慨新たにしているが、一方鳥羽は「売り切れないうちに至急ご注文下さい。必ず得難い珍本となることを信じて疑いません」と広告に書いた。

「信じて疑いません」という信念が彼を支えたのだろうか。

鳥羽茂という人物はレスプリ・ヌウボオの尖端に突然現われて、他人の詩集を身銭を切ってまで出し始めている。この男は何者なのだろうか。

このころのボン書店の住所を見ると豊島区雑司ヶ谷三丁目となっている。池袋にほど近い鬼子母神の裏手、境内の森に包まれた一角である。誰かこの森で鳥羽を見てはいないか。話はボン書店開業以前にさかのぼる。

註

（1）『渡辺修三著作集』（昭和五十八年、鉱脈社）収録「渡辺修三年譜」にこのエピソードが紹介されている。
（2）『文芸汎論』（二巻十一号、昭和七年）、『オメガ』（四号・五号、菊島廣編、昭和七年）掲載。
（3）「生キタ詩人叢書」の表記は『アケボノ年刊詩集』（堀玉陽編、昭和七年）、『内海文学』一号（坂本哲郎編、昭和七年八月）掲載の広告に見られる。また『ボン書店月報』（昭和八年）では「Les Cahiers Vivants」（生キタ手帖）を叢書名として表記している。
（4）『ボン書店月報』昭和八年一月発行（号数の記載なし）。
（5）『ボン書店月報』四号。刊行年月日の記載はないが昭和八年二月ないし三月の発行と思われる。

第二章　出立の諸相　一九三〇～三一

慶応ボーイの回想

「私ね、鳥羽君とは慶応で同級生だったんですよ」

そんな電話が飛び込んできた。電話の主は詩人小林善雄。一九三〇年代に詩雑誌『二〇世紀』『新領土』などで活躍した詩人である。

「懐かしいですよ、鳥羽君の名前はね。でも今ごろ鳥羽君のことを尋ねられるなんて驚いたな」

鳥羽茂、ボン書店と関係のありそうな詩人たちに、私は片っ端から手紙を送っていた。毎日手紙を書き、毎日誰かからの返事を待っていた。

いまにも夕立が来そうな曇天だった。都営地下鉄千石駅前の喫茶店で乏しい資料を整理しながら小林善雄に何を質問しようかと考えていた。教えられた自宅へはここから五分とかからないはずだった。「同級生だった」、この言葉を聞いて鳥羽茂が本当に実在した人物であったことを私は初めて実感していた。

「懐かしいですけど、もう半世紀も前のことです。私の有史以前の出来事だな」

電話口での小林の口調はとても快活で時にユーモラスであった。小林が慶応に入学したのは昭和五年。鳥羽茂が雑司ヶ谷の「印刷屋に住み込み」、ボン書店の名前で詩集の出版を始めるのが昭和七年八月である。春山の回想の中で、鳥羽の像は貧しくも美しい上京青年然と映るが、その二年前には慶応ボーイだったのだ。これは少々意外である。慶応に入学した鳥羽が二年のうちにボン書店へと至る道行とはどのようなものだったのだろうか。

「授業の最初に出席を取るでしょ。それが終わると鳥羽君が抜け出そうってね、窓から外にサッと行っちゃうんですよ。で、僕も後追ってね窓から抜け出して、二人でコーヒー飲みに行ったり、そんなんでした」

小林善雄は目を細め楽しそうに当時を語ってくれた。昭和五年四月、小林は慶応大学予科に入学する。旧制中学校五年を卒業したものか、予科の場合は四年修了でも受験資格はあったので、年齢でいえば十六～十七歳のころだ。小林は水道橋にあった東京中学校を卒業し十七歳で慶応予科に入学していた。二クラスあったうち、仏語を第二外国語とする四十名ほどの教室だった。

「クラスでもわりと目立った印象があるんですよ。というのは髪が女の子みたいに長かったんです。小柄で、おとなしい感じでしたね。他にそんな長髪の学生はいなかったから、留年をしてもう一回一年生をやっていたのかな、そのへんは忘れました。僕と馬があったんでしょう。不思議とね、あまり詩の話をしなかったんですよ。あの先生はつまらないとか、そんなごく一般的な話しかしませんでしたね。私の家にも遊びに来たし、鳥羽君の下宿にも遊びに行ったように思います。だけど将来出版社をやりたいとか、そういう話は耳にしていないんですよ」

長髪のモダンボーイという印象が小林の中には強く残っている。鳥羽を、留年して二度目の一年生をやっている学生ではないかと思ったのは、たとえば授業をサボッて抜け出すときのこなれた仕草のなかに、自分より大人を感じさせるものがあったらしい。確かにこのとき、鳥羽は小林より年長だった。というのは、入学は一緒だったが、鳥羽は中学受験で一浪しており、さらに中学で一年留年していたからだ。

「鳥羽君はね、入学したその年のうちぐらいに中退しちゃったんです。それで、一貫堂という洋服屋に勤めたんですよ。早稲田にあったんですよ。僕の家が牛込でしたからね、何度か訪ねたことがあって、鳥羽君が自転車の荷台に仮縫いの服かなにかをたくさん積んで走っていたのを覚えてます。鳥羽君に言われて、僕もそこでコートを作ったと思います。クラスの連中でも、じゃあ鳥羽のところで作ろうっていうんで一貫堂でコートを作ったんじゃないかな」

この中退の事情は小林の記憶にはない。入学後、ほどなく中退した鳥羽は洋服屋の店員となる。そして、話はこんな具合に続く。

「その後に、鳥羽君は坂本哲郎っていう人のところに行くんですよ。この人は鉄道雑誌を出していた人でね、本人は詩人でもあるんですよ。奥さんは坂本茂子といって、この人も詩人でね、『ごろっちょ』っていう女性詩雑誌を出していてね、生田花世なんかと一緒にやってた詩人です。坂本哲郎が出していた鉄道雑誌の編集を手伝う仕事でした。僕も何度か行ってるんです。雑司ヶ谷の鬼子母神のあたりですよ。僕が同人誌かなにかのことで編集とか印刷のことを習いたくて鳥羽君のいる鉄道雑誌の編集所に行ったんです。どんな所だったかはっきり覚えてないんですがね、鬼子母神の一角のような所だったですね。大きな木が鬱蒼としていてね、『ごろっちょ』という雑誌の名前も雑司ヶ谷の鬼子母神にいたフクロウの鳴き声からとってるんですから。そこの坂本哲郎の家が鉄道雑誌の編集所だったんですよ」

「印刷屋の住み込みではなかったですよ。坂本哲郎の家で印刷もやっていたのかな、大きな家だったような記憶がありますけどね。坂本さんの家に同居してたんではないかと思いますよ。鉄道雑誌の仕事をしながらボン書店を始めたんです。そのへんのところを僕はよく覚えてないんですよ。今思うとね、鳥羽君は近藤東と親しかったんですよ。ボン書店は最初にゾノさん（北園克衛）の詩集出しているんですが、やっぱり近藤さんなんかがそのへんで関わってたんじゃないですかね。僕は鳥羽君がボン書店を始めてからは、直接会うことが少なくなってるんですよ。ボン書店を始めたころかな、そこらへんで鳥羽君は結婚したと思うんですが、相手は小学校の先生をしている女性でしたよ。僕もね鳥羽が死んだというのは、いつだったか伝え聞きました。結核だったと思いますよ。奥さんはどうしたのかな。健在なのかな。坂本哲郎の家もどうなったんでしょうか。家族が多かったですからね、どこかでわかればね」

記憶の糸がもう薄くなった遠い日の映像を運んでくるようだ。だが、「鳥羽君はね」と小林が語り出すと、陽炎のような鳥羽茂はしだいに姿を見せてくる。

「でも戦争でね、みんな焼いてしまったんですよ。僕の書いた作品も、鳥羽君が作った詩集もね」

小林は半ば冗談も交えて一九三〇年代のころを「有史以前の出来事」と言う。ボン書店があって、小さな詩誌が弾けるような交通を生みだしていた時代の記録は、確かに今は奇妙に整理されてしまっている。だが一方で、記憶の暗渠に流れ込んでいってしまった風景もある。置き去りにされたような風景だ。

小林が黙って考え込んでいる。窓の向こうでは夕立が大粒の雨を落とし始めた。

「僕もボン書店の『マダム・ブランシュ』に詩を書いていたんですが、あのころ鳥羽君も鳥羽馨っていう名前で書いていましたね。

僕は慶応を出て三省堂の出版部に入って、そのころ昭森社に行くとボン書店の話がよく出たのを覚えてます。昭森社は戦後も銀座のバルザックだなんて話題にもなったりしたでしょ。でも僕らにとってはボン書店の方がずっと重要だったんですよ。そのボン書店のことを誰も知らなくなっちゃうんですかね」

小林善雄の言葉の底には、今もモダニズム詩に対する自負がある。それは温和な語り口からは意外と感じられるほど強いものだ。

戦争前夜のモダニズムと言われた『新領土』に参加した小林たち若手モダニズム詩人の多くは自分の詩集を出さないまま戦争に組み入れられた。そして戦後は『新領土』の最若年世代であった鮎川信夫、田村隆一らの『荒地』で幕を開けることになった。僅かな世代の差がまるで小林たちを詩史の影へ追いやってしまったかのようだ。

だが、十代後半から二十代にかけて深く呼吸をしたモダニズムの時代は彼らの中で今も輝きを失っていない。ボン書店はそんな時代を象徴する名前として彼らの魂に刻み込まれている。

さて、小林の話をまとめてみよう。鳥羽茂がどこか地方の中学校を卒業し、慶応大学予科に入学したのは昭和五年の春であった。その後慶応を中退、早稲田鶴巻町の洋服屋「一貫堂」に入り、昭和六年には鉄道雑誌を発行していた雑司ヶ谷の詩人、坂本哲郎の下に住み込みその仕事を手伝う。そして昭和七年夏、同じ雑司ヶ谷でボン書店を開業する。つまり、鳥羽茂は中学校を卒業した二年後にボン書店を始めた、ということになる。

ウルトラ・ニッポンで羽を伸ばす

広島の詩人米田栄作の詩集『不一の花々』（一九七三年）にはこんな詩が載っている。

「昭和八年　白い花の薫る宵／アカシヤで鳥羽と飲む／四六半截／の『ラグビー抄』『若いコロニイ』『抒情詩娘』が酒の肴／ちかぢか黄瀛の詩集を出版しますよ／ボン書店々主は気勢を挙げた」

そのころ広島にあった「アカシヤ」という飲み屋の思い出の中に鳥羽茂が顔を出している。米田によれば鳥羽との出会いは、この一度だけだったそうだ。なぜ、鳥羽は広島を訪ねていたのだろう。

米田栄作は大正末年から昭和初頭にかけて雑司ヶ谷の坂本哲郎が発行していた『日本詩壇』という雑誌の同人であった。坂本哲郎は広島出身で、この同人にも広島の若手詩人たちが多かった。この若手詩人らと鳥羽茂とは坂本を通じて交流もあったようだ。昭和七年に広島で発行された『内海文学』誌面で彼らはボン書店を宣伝するなど大いに応援している。鳥羽茂と広島にはそんな縁があったのだ。

米田の助力で坂本哲郎の従兄弟が今も広島に健在であることが判明した。そこを糸口に、行方がわからなかった坂本哲郎の遺族の所在を知ることになった。

池袋駅から十五分ほど歩く。雑司ヶ谷の鬼子母神を抜け、都内では今はここだけが残った都電荒川線を渡る。かつてのボン書店の住所であった鬼子母神脇からは十分ぐらいであろうか、教えられた角を曲がるとほどなく坂本憲史の自宅を見つけることができた。夫婦で詩人であった坂本哲郎、茂子の三男である。

「私は昭和十三年の生まれですから、鳥羽さんがいたころの記憶はないんですよ。でも兄や姉がよく鳥羽さんがどうだったって話をしていたのを覚えています。もう亡くなってしまったんですが、生きていれば、いろいろとわかったんでしょうね」

坂本哲郎は明治二十三年、広島に生まれた。大正五年に早稲田を卒業し白鳥省吾の紹介で『鉄道時報』という雑誌の編集につく。大正九年には自ら鉄道公論社を興し

『鉄道公論』を発刊、大正十二年には雑誌『旅』(日本旅行協会)の創刊実現に尽力した。その後も一貫して鉄道雑誌畑を歩んだ人物である。

一方詩人としても、服部嘉香が主宰する『現代詩文』に坂本潮郎の筆名で参加し、早稲田派の新詩人として活躍している。大正十一年に第一詩集『壊滅の秋』(亜細亜公論社)を刊行、妻の茂子も女流詩人であり、この夫婦を中心に大正十四年には詩雑誌『日本詩壇』を創刊、昭和二年には夫婦合著詩集『合唱』(日本詩壇社)を刊行している。

「親父は就職っていうのをしていないと思うんですよ。自分で鉄道の雑誌を出していましたから、それが仕事でした。会社に行くという生活はほとんど送ったことがないでしょうね。戦前は、鉄道の雑誌とか詩の雑誌とか、ずっと雑誌ばかり出していたみたいですね」

三男憲史はそう言いながらいくつかの雑誌を奥から運んできてくれた。昭和に入ってもこの父は息子の印象通り雑誌作りの生活を続けていたようである。

鉄道雑誌で生計をたてながら、好きな詩の雑誌や詩集の出版も手がけていた。なるほど、詩人としては「アマチュア」であった。

「戦争中に東京もダメなんじゃないかというんで、父の田舎の広島に疎開することになったんです。先に荷物を送って私たちが汽車の切符が手配できなくて行き遅れているうちに原爆が投下されました。本はそのとき広島に行っていたんですよ。皮肉な話ですが疎開させた本が焼けて、残した本は焼けなかったんですね」

残された本、主には坂本哲郎、茂子が直接関係した雑誌類であった。これらは自宅を発行所としていたので、同じものが何冊も重複してあったのだろう。そのうち一組を疎開させず東京に残しておいた。結局、それだけが今日まで残ることになった。私たちはその雑誌を前にしていた。

一山の雑誌の中にちょっと派手な表紙のものがあった。『ウルトラ・ニッポン』、題名も地味ではない。この文芸雑誌が世に出たのは昭和六年二月。編集は八十島稔。後に北園克衛らの『VOU』に加わる詩人である。そして発行兼印刷人として鳥羽茂の名前が載っている。鳥羽茂の住所は「豊島区高田町雑司ヶ谷五二〇」、これは坂本哲郎宅の住所と同じである。ということは、この時期にはもう坂本哲郎の家に住み込んでいたようだ。

ところで、この『ウルトラ・ニッポン』、一号雑誌で終わったものの題名同様に実にパワフルな雑誌であった。同人となっているのは八十島稔、藤村端、鳥羽茂の三名。藤村端は当時『詩之家』の若手で後に夭折した詩人であった。執筆者には久野豊彦、

『ウルトラ・ニッポン』。この年の正月に刊行された『現代世相百番付』（実業之日本社）に載っている「モダン語番付」を見ると、「ウルトラ」は張出大関となっている。流行語だったようだ。ちなみに横綱は「イット」「オーケー」「トーキー」、前頭の上位には「ロボット」「マネキン」、なかには「おぺしょこガール」だとか「顔負けする」という不思議なものもある。

堀口大学、佐藤惣之助、春山行夫、吉行エイスケ、徳田戯二、生田花世、坂本茂子、大江満雄、下田惟直等々実に多彩である。とりとめがないと言った方がいい。たとえば吉行エイスケはレビュウの踊り子江川蘭子の紹介記事を、堀口大学は四行詩を、佐藤惣之助は詩論をと、寄せられた原稿が到着順に載せられたようなジャンルのない構成であった。このコンセプトを「文芸のデパート」と後記に記しているが、確かにこのとりとめのなさが面白さとなっている。

とにかく、鳥羽茂はここに「本を出版する人」として登場した。「伝説」の中の鳥羽は出版に悲壮な決意を示した陰鬱な文学青年のようだったが、どうもその像は少しずつ崩れていくようだ。たとえば、『ウルトラ・ニッポン』の同人消息にも鳥羽はふんわりしたオカッパ頭で女にもよくもてると紹介されている。もちろん、陰鬱なオカッパ頭もいていいのだが、ここでのイメージはとても軽やかだ。

もう一度鳥羽茂の像を描き直してみよう。慶応大学予科の教室でひときわ目立つこの長髪の学生は、授業も出席を取れば適当に抜け出して近所の喫茶店で珈琲でも飲んでいるようなタイプだった。そんな彼のスタイルはクラスの中でもやや年長者っぽく見えたかもしれない。半年ほどで鳥羽は中退し、早稲田の洋服屋に勤めた。何人かのクラスの級友たちはここでコートを作っている。これは、洋服屋の丁稚への同情では

昭和６年頃の鳥羽茂（右）。広島に住む坂本哲郎の従兄弟が上京の際にたまたま撮影したもの。中原中也を思わすいかにもモダンボーイ風の一枚は残念ながらピンぼけである。

ない。むしろディレッタントな生き方をなんなくやってのける少し風変わりな友人への羨望かもしれない。

そしてこの男はその洋服屋もすぐに辞めて、坂本哲郎の下に書生よろしく転がり込んだ。しかし坂本夫妻はこのディレッタントな青年の闖入を歓迎しているようでもある。『ウルトラ・ニッポン』には坂本茂子のこんな近況が紹介されている。

「雑司ヶ谷鬼子母神の境内に長年フクロウのように巣くっている坂本茂子君。良妻賢母ぶりを発揮していたオトナシヤさん、私だってウルトラ・ニッポンではね飛ばすのよ、とばかりに進出。正月でののんびりした同人唖然」

むしろ雑司ヶ谷にフクロウのように巣くっていた坂本夫妻はこの闖入者によって快活になってゆく。すでに終刊していた『日本詩壇』を書生の鳥羽茂が「ウルトラ」にした。いや、鳥羽自身がウルトラだったのかもしれない。

ボン書店開業

その後、鳥羽茂は坂本哲郎の鉄道雑誌の仕事を本格的に手伝うことになる。なかには昭和六年七月に創刊された『山と海』という近郊旅行雑誌のように、ほとんどの実務を任され、編集後記まで鳥羽が書いていたものもあった。

その一方で、終刊していた『日本詩壇』をこの年の九月に復刊する。十二月に二号を出してこれは自然消滅するが、この二冊の編集実務も鳥羽茂が行なっていた。

鳥羽茂はここに詩と散文を載せている。彼がこのころどんな作品を書いていたのか紹介しておこう。目次の上では散文扱いだが、これは散文詩といったほうがいい。

「漸秋・私は机の前で坐つたきりでゐる日が多い」

一日一日と、頭が悪くなつていくやうに思はれてならない。で、言ふこと、なすこと、書くことの、あらゆる場合に反省が先立ち、ともすれば、何も言はないでしまつたり、何もしないで終つたり、何も書かないで済ませてしまふことが多くなつて来てゐる。誰か私の頭に、決定的な保証をつけて呉れる人はあるまいか。これでは苦しくてたまらない。何のために生きてゐるのか訳が判らない。

思ふ存分泣いてみたいと思ふ。

漸く九月に入らんとする一日、門を出て、ふと仰いだ空に、まがふなき秋の色を見出す喜びは、何にもまして私に限りない寂寞を与へるが、それでも声を挙げて泣かなければならないといふ程ではない。私はチャップリンを愛してゐる。チャップリン、チャップリンとその名を呼ぶだけでも、たまらない哀愁を覚える。それでも、スクリーンの中の彼に泣かされるといふやうなことはまづない。雨の日がさうである。黄昏時の街の灯がさうである。秋風がさうである。朝の月がさうである。花畑の花がさうである。水兵服の少女がさうである。

私には、もはや涙の種とでも言ふべきものは尽きてしまつたのかも知れない。思ふ存分泣いてみたい。そんなネゴトは私には今後通用しないのかも知れない。何といふ空虚さだ。

これで障子があって火鉢でもついていれば尾形亀之助の散文詩になってしまう。後に述べるが、実際鳥羽は尾形の短詩や散文詩に影響を受けていても、少年シュルレアリストというわけではなかった。だが、ボン書店開業へ向かうこの先の半年間に彼は急速にシュルレアリスムへ傾斜していくことになる。

昭和七年一月。坂本哲郎は『鉄道時論』という雑誌を発行する。坂本にしてみれば本格的な「商業出版」の再開であった。鳥羽茂も鉄道時論社の一員に名前を連ねることになる。この雑誌は月刊で発行され、坂本哲郎の片腕として多忙な日々が始まった。ところで、ボン書店の第一回出版はこの年の八月であった。つまり、鳥羽茂は『鉄道時論』の仕事をしながらボン書店を始めていた。春山が回想する「印刷屋に住み込み、夜や日曜日に自分で活字を拾って……」というのは、この状態を指していると考えていい。

「(ボン書店は) アマチュアの楽しみ」という鳥羽茂の生活的な基盤もここにあった。だが、この方法は鳥羽のオリジナルではない。鉄道雑誌で食べながら好きな詩集を出版していく、これは坂本哲郎のライフ・スタイルであった。「なんとかなるだろう」、坂本にポンと肩のひとつもたたかれたかもしれない。

ボン書店の最初の詩集は春山行夫と北園克衛、この二人のモダニズム詩人の助力で刊行された。この縁結びに春山の旧友近藤東が関与していたらしい。彼もまた若手モダニズム詩人の一人であった。近藤東は当時池袋駅に勤務していて、坂本哲郎とも交遊があった。なにしろ同じ鉄道畑の詩人であり、雑司ヶ谷は目と鼻の先である。坂本は詩の出版を始めたがっているウルトラな書生を近藤に紹介することになる。そしてボン書店は急速に現実的な日程に上ってきた。[1]

ブラジレイロという喫茶店が出していた文芸雑誌『前線』にこんな広告（六十三頁）が載ったのは五月だった。『若いコロニイ』はボン書店最初の詩集として八月に刊行されるものだが、この広告によればそれ以前に鳥羽は「パルナス書房」という名前で小さな出版社をスタートさせようとしていた。[2]だがこのスタートは何らかの理由で延期になり、八月、ボン書店として出発することになる。

ところで、当初開業が予定されていた五月に創刊された雑誌がある。北園克衛らによる尖端的な詩雑誌『マダム・ブランシュ』。この雑誌は若いモダニスト詩人たちが作り出した最尖端の磁場として知られている。ボン書店も開業するとすぐにこの『マ

北園克衛 著

詩集

若いコロニイ

若いコロニイは白のアルバム以後の作品のうち最もスタイリツシユな作品を集めたもので春山行夫氏他五名のシリイズのうちの一冊四月中に發賣の豫定

近刊

定價未定

パルナス書房

東京市外高田町若葉

ダム・ブランシュ』の発行所となった。この二つはほぼ同時に誕生したわけだ。時代は、こんな嘘のような偶然を用意してくれていた。

噂の『マダム・ブランシュ』

確かにボン書店は幸運な出発を用意された。この小舟に『マダム・ブランシュ』という帆はお似合いであった。新しい帆はレスプリ・ヌウボオの風で膨らんでいたし、モダニズムの海へこの小舟を颯爽と送り出した。

ところで、この『マダム・ブランシュ』は不思議なことに発行に至る来歴が明らかにされていない。そのプロセスを簡単に触れておこう。

昭和五年、春も終わろうというころであった。銀座のカフェの片隅で北園克衛と岩本修蔵は新しい詩の雑誌のことでテーブルをはさんでいた。この構図は坂本龍一と細野晴臣が新しい音楽のことで話し合っている、と考えるとわかりやすい。ＹＭＯという一世を風靡したバンドの誕生を『マダム・ブランシュ』の創刊と考えるのである。もちろん北園克衛が坂本龍一である。

もっぱらシュルレアリスムに没頭していた北園克衛は、それまで本格的な雑誌は出してはいなかった。対して岩本修蔵はもっぱら同人誌を出し続けていた。そのころも『化粧する銅像』という詩雑誌を発行している最中である。岩本修蔵はシュルレアリストではなかったが、自身の詩の尖端へ向かう意志において北園の姿勢に共鳴していた。「一緒に何か雑誌を出せないだろうか」。こんな話になっていた。

つまり、細野晴臣はフォークロックバンドの「はっぴいえんど」をやってきたが、坂本から見ればフォークロックじゃ何も新しいものは出てこないんじゃない、という感じである。確かに流行歌謡に対してはフォークロックも新しかったが、世界的な同時性から考えれば日本の歌謡曲に対しての新しさでしかない。北園克衛もそんなふうに『化粧する銅像』を見ていた。

この『化粧する銅像』が『白紙』と改題されたのは八月だった。このとき、『白紙』は十号となっているが、それは『化粧する銅像』の号数を引き継いだためであった。そして秋に十一号を出し、『白紙』は終刊となる。この二回の『白紙』は岩本修蔵の同人誌の延長ではあったが、北園は積極的にここに参加し、新しい雑誌の基盤にしようとしている。ここで北園は曲のアレンジだけでなく、同人誌という枠組みのアレンジを打ち出した。

つまり、なんとなく音楽好きが集まってバンドを作る、という従来の同人誌のあり方は止めにして、もっと鮮明な個人が意志を持った集団を作り、その表現としての雑誌を考えたのだった。

詩誌『今日の詩』（百田宗治編、金星堂）に『白紙』グループが一頁を使って「宣言」とも取れる広告を載せたのは翌年（昭和六年）の二月であった。ここで『白紙』は「新しい詩人的精神を求める前衛詩文学雑誌」という旗色を鮮明にする。新しい『白紙』が北園と岩本の間でイメージされていた。だが、それが『マダム・ブランシュ』となるにはまだ一年以上の時間が必要だった。(3)

アルクイユのクラブ

北園克衛の編集で『L'ESPRIT NOUVEAU』（紀伊國屋書店）が創刊されたのは昭和五年八月、丁度『白紙』が出た三日後であった。この雑誌は十年ほど前に巴里でル・コルビュジェらが出した雑誌と同名でありコンセプトもほぼ同じだった。ル・コルビュジェらはこの雑誌を「芸術・文学・科学」を軸とする前衛雑誌として、建築、音楽、絵画、文学が共鳴しあう新しい磁場を作り上げていた。北園がこれを科学者のような目で見入ったことは疑いない。新しい詩は新しい建築と共鳴している、このことは新鮮な驚きであった。

北園克衛は『L'ESPRIT NOUVEAU』に綺麗な花の代わりに飛行機の写真を載せた。スピードは美しいものだと、新しいものはパワフルだと彼は考えた。彼のときめきは新しい集団のイメージを加速させた。

この雑誌が翌昭和六年に終刊し、さて北園は再び岩本修蔵と新雑誌の構想を練り始

『マダム・ブランシュ』の創刊号（昭和７年）とミス・ブランシュの異名をとった『オメガ』（昭和７年、菊島廣康編）。表紙のデッサンは北園克衛。

める。

コンピューターが作り出す新しい機械的な音響は素朴なハープの音色よりも美しい、そんな時代のバンドを彼らは考えていた。

北園は同人制に代わる新しい枠組みとして「アルクイユのクラブ」を作った。この名前は音楽家エリック・サティが住んでいた街の名からきている。これは詩人だけの集団ではなく、写真家、建築家、画家、彫刻家、音楽家などジャンルを越えた集団と構想された。が、参加していたのは詩人ばかりで、構想倒れに終始している。心意気において、そうであった。そしてその機関誌として『マダム・ブランシュ』は創刊された。

こうして、この時代の最もハイブロウな磁場はできあがった。たまたま、そこに鳥羽茂という名も知らぬ青年が、ボン書店という小さな出版社を船出させようとしていた。彼もまた新しいものは素敵なものだという感覚を当たり前のように身につけていた。

註

（1） 近藤東と坂本哲郎の交遊に関しては確実な資料が残されているわけではない。ここでは、先の小林善雄の回想、『岡山の現代詩』（坂本明子、昭和四十七年）での記述、坂本家に残されている資料から両者の交遊を認めた。

（2）同年五月発行の『詩人時代』に鳥羽茂は「福富菁児に就いて」という小論を掲載しているが、その末尾に「パルナス書房にて」とある。

また、同年一月発行の詩誌『寂静』（高木秀吉編、二巻一号）に掲載された「落葉日記」（野長瀬正夫）の中に次のような記載がある。「十一月廿四日（中略）パルナス書房の鳥羽茂君が来訪。雑誌のこと、原稿の事に就いてなり」。この日記は昭和六年十一月の記録であり、この段階で鳥羽が「パルナス書房」を名乗っていた事がわかる。ボン書店の出版構想は当初「パルナス書房」として考えられていたことは昭和七年五月に出した広告からも推察できるが、この名称での出版物は一つも確認できない。また日記に出てくる「雑誌」であるが、この時期に鳥羽が直接編集に関与していた『日本詩壇』『鉄道時論』には野長瀬の執筆はみられない。あるいは鳥羽茂編集で予告されていた『詩壇タイムス』（未刊）を指すのかもしれない。

（3）『マダム・ブランシュ』創刊に関しては、北園克衛も『黄色い楕円』（昭和二十八年）などに記載している。だが北園の書誌的な回想ははなはだ不正確であり、直接の典拠とはしなかった。ここでは『文芸汎論』（昭和十年、五巻十号）収録の「岩本修蔵覚書」（北園克衛）、「北園克衛氏」（岩本修蔵）、『北園克衛とモダニズム雑誌群』（佐々木桔梗、昭和五十五年）、詩誌『今日の詩』第三冊（百田宗治編、昭和六年三月）などの記述を参考にした。

第三章　『マダム・ブランシュ』の時代

森からの引越し

ボン書店があったという雑司ヶ谷三丁目、ここは池袋駅にほど近い鬼子母神境内の裏にあたる。この場所を当時の地図で調べてみると、鉄道雑誌をやっていた坂本哲郎宅からは百メートルほど離れている。坂本家に残されている妻茂子の日記には、「鳥羽さんを起こしに行く」とか「鳥羽さんが帰る」という記載があり、いかにもそれは書生さんという印象だが、住み込みではなく「離れ」ほどの距離に独立して暮らしていたようだ。

ところで、大正初頭のこの雑司ヶ谷一帯はまだ田園地帯で、大根の出荷量も練馬村を上回っているほどだった。この一帯が震災で大きな被害を被らなかったこともあってだろう、農地に次々と家が建ち始めたのは震災以降のことで、人口は急増する。

すでに池袋駅には山手線、東上線、武蔵野鉄道（現在の西武線）が乗り入れており、大正末年には王子電車（現在の都電）が大塚から鬼子母神まで開通し、昭和に入ると

ボン書店が開業した頃の雑司ヶ谷鬼子母神のケヤキ並木風景（『高田町史』昭和8年）。

池袋からのコンクリート道路（明治通り）も完成する。増加する人口に併せて都市整備が進み、田園風景はしだいに姿を消していった。

それでも鬼子母神境内はそれを包む小さな森の中で森閑としていた。今でもこの境内から都電の駅へと続く欅並木が当時の風情を僅かに留めているが、この並木は復興版で、当時はこんなものではなかった。なにしろ立ち並ぶ樹齢六百年の巨木が空を覆い隠していたのである。その景観だけでも一興であった。道沿いの料理屋では、二階の欄干にもたれて昼間から名物の焼鳥で一杯という客で賑わっていたらしい。

ボン書店の場所はこの並木道とは反対側、境内裏側にあたる。ここも大きな樹木が空を覆う小さな森の一角だった。

昭和九年の一月、ボン書店は、ここから雑司ヶ谷五丁目へ移転する。鬼子母神境内の裏から、池袋駅の方へ歩いて十分くらい、今は「南池袋」と住居表示も変わっている一角である。(1)

この移転はボン書店の転機を示していた。

ボン書店が「アマチュアの楽しみ」とか「趣味で本を作る」と言えたのは、その背景に坂本哲郎の鉄道雑誌があってのことだった。だが、この鉄道雑誌が不調になってきていた。鳥羽は『鉄道時論』十号（昭和八年一月）の編集後記に、今後は雑誌版から新聞版に移行していくと書いている。雑誌としての体裁を維持していくことが難しくなっていたのだ。結局、『鉄道時論』はこの年のうちに自然消滅していった。『鉄道時論』を見ると、鳥羽茂との共同編集ということもあってか趣味誌的な部分と部内営業誌的部分との峻別がいかにも不明瞭であった。なにしろ、この鉄道雑誌は毎号の巻頭を鳥羽茂のシュルレアリスム詩が飾っていたのである。

坂本が『鉄道保険』というさらに部内誌的な移行を図ると、それを契機に鳥羽茂は鉄道雑誌から離れていった。

このことはボン書店（鳥羽茂）が経済的に独立することを意味している。つまり「アマチュアの楽しみ」という趣味的な出版をまがりなりにも支えてきた経済的な基盤を失うことになった。では、鳥羽茂はどうしたのか。ひとつだけ、はっきりしていることがある。それでもボン書店は「売れそうもない詩集」を出し続けた、ということだ。

取材のなかで出会ったある老詩人のこんなつぶやきが思い出される。

「あのころは、それでも不思議と食べていけたんだね」

でも、不思議にも秘密はあるはずだ。

看板は三枚

鉄道雑誌から離れたのを契機に鳥羽は、ボン書店を移転している。

ところで、移転後のボン書店の本を見ているとひとつ気付くことがある。それは、本の巻末に記載される印刷所名が変わっていることだ。それまでは「発行兼印刷・鳥羽茂」とか、「ボン書店印刷部」などと表記されていたが、今度は「印刷・豊島区雑司ヶ谷五丁目六七七・虹霓社・羽田野芳文」となった。これは移転したボン書店の新しい住所と同じであった。羽田野芳文、何者であろうか。

たとえば、雑司ヶ谷五丁目で羽田野芳文なる人物が虹霓社という印刷所をやっていて、そこにボン書店が移転した、と考えるのはわかりやすいかもしれない。あるいは、ここに春山行夫が回想する「印刷屋住み込み伝説」の情景があるのかもしれない。だが、いろいろ調べていくと不可解なことがわかる。羽田野芳文と鳥羽茂とは同一人物、つまり変名、だったのである。

かつてここを訪ねた詩人保永貞夫（後に登場することとなるが）の証言では移転先のボン書店はこんな様子だった。そこはしもた屋風平屋の建物で、なかには二間あった。ひとつは土間になっていて、そこに印刷機が置かれていた。もう一間が畳敷の部屋になっていて、そこを住まいとしていたらしい。小さな印刷屋さんという感じで、工員とか共同経営者はいなかった。

おそらく、こういうことだ。鉄道雑誌の仕事から離れた鳥羽茂は印刷屋で生計を立てようと考えた。そのために雑司ヶ谷五丁目への移転があった。彼はここにボン書店の他にもう一枚「虹霓社」の看板を掲げ、印刷一般を引き受けることにした。ボン書店は鳥羽茂、印刷屋の虹霓社は羽田野芳文、一人で二つの名前を持つことにした。

鳥羽は羽田野芳文の名前を使ってもうひとつ妙なことを始めている。「東都書院」という名前で出版を始めたのである。つまり、この時期鳥羽茂は、ボン書店、虹霓社、東都書院の三つの名前で活動するという、非常にややこしいことをしていたのである。

「東都書院」は、四月に岩本修蔵『古絃祭』、酒井正平『サボテン』、西崎晋『生誕』、丹野正『復活祭の卵』の四冊のパンフレット詩集を発行、六月には坂本茂子らの女流詩雑誌『ごろっちょ』を発行した。(2)

『ごろっちょ』は坂本哲郎の妻茂子を中心に発行されたオーソドックスな女流詩雑誌

で、この一号と二号は東都書院が発行所となっている。ここでも鳥羽茂は羽田野芳文を名乗っているが、坂本茂子が書く創刊当時の回想文の中では「東都書院を始めた鳥羽さん」と秘密のベールも剝がされていた。

鳥羽が編集をした一号と二号は装丁を京都の詩誌『青樹』にまね、左川ちかや北園克衛を登場させるなどやたらとモダンな作りになっていた。そのせいだろうか、三号からは鳥羽の手を離れている。

それにしても、なぜこの一時期、鳥羽茂は東都書院を名乗ったのだろうか。ひとつ考えられることがある。それまでのボン書店の出版物は著者が一部を負担しているとはいえ完全な自費出版ではなかった。この移転、生計の不安の中で鳥羽は、自費出版を東都書院の名前で引き受けようとしたのかもしれない。もちろんボン書店の枠内で引き受けてもよかったのだが、このへんが妙に潔癖だった。アマチュアリスムに対する鳥羽なりのこだわりと考えてもいい。

『ごろっちょ』二号（七月）の発行を最後に東都書院の名前は姿を消した。だが「虹霓社＝羽田野芳文」の方はこの後もずっと使われることとなる。食べるための仕事、というよりボン書店の活動を支えるための仕事を、鳥羽茂はこの印刷屋開業に託すことになった。

ライナーノート・一九三四

ボン書店の刊行書を追いかけてみよう。
昭和九年の二月に英国の女流モダニスト、シットウェルの訳詩抄『田園喜劇』が北村常夫訳で刊行された。これは前年の十月刊行予定が延びたものだった。こんな広告をしている。

「この本は昨年十月出来の予定でしたが、最初は用紙が品切となり、次には印刷の出来が私の気に入らず結局全部の刷り直しをしましたので、(そのため用紙が予告のものと相違しました) 遂に今日まで遅刊になりました。早くから広告しましたので注文が殺到し、諸方から矢のやうな御催促をうけ、大変相済まなく存じてゐます。ここに簡単に事情を述べてお詫にかへます。

ボン書店　鳥羽茂」

注文が殺到し矢のような催促、というのはマユツバっぽいが、限定百五十部のこの本をできが気に入らないからと全部刷り直しをさせるぐらいのことは、鳥羽ならしかねないことであった。

続けて、四月に岡崎清一郎の詩集『神様と鉄砲』を刊行する。岡崎は村野四郎らと『旗魚』というモダニズム雑誌を出していた詩人。この詩集も限定百五十部。特筆すべきは、これはボン書店刊行書の中で唯一再版が出た詩集であった。売れればホイホイ再版する限定版など聞いたことがないが、ボン書店がいう限定百五十部とは考えられる上限だったのである。

ところで、このころのボン書店の広告はちょっと賑やかだった。あれこれ饒舌な広告が並ぶなかに、大正十五年に発行された春山行夫編集の詩雑誌『謝肉祭』全四冊を合本で発売するという案内が出る。これは名古屋の『青騎士』『君と僕』という詩雑誌の終刊後、その同人らが集まって発行されたもので、このときの広告でも「今では到底入手し難い珍雑誌」と謳っている。これが春山行夫の手元にそこそこ残っていたようで、ボン書店はそれを合本にして二十銭で売り出した。かけソバ一杯十銭の時代である。これは今でも「到底入手し難い珍雑誌」であるが、かけソバ二杯の代金で買

下記へ移轉いたしました
東京市豊島區雜司ヶ谷町五丁目
振替東京五九〇七八番
ボン書店

待望の　シットウェル詩抄　北村常夫譯

新刊　田園喜劇　は馬

初版伊豫手漉和紙刷　百五十部發賣
表紙は女史の令弟 *Sachevereell*の *The Cyder Feast and other Poems*に摸しセピア刷寫眞版
價80錢

この本は昨年十月出來の豫定でしたが、最初は用紙が品切となり、次には印刷の出來が私の氣に入らず結局全部の刷り直しをしましたので、（そのため用紙が豫告のものと相違しました）遂に今日まで遲刊になりました。早くから廣告しましたので註文が殺到し、諸方から矢のやうな御催促をうけ、大變相濟まなく存じてゐます。こゝに簡單に事情を述べてお詫にかへます。ボン書店　鳥羽茂

圓錐詩集　北園克衛詩集　50錢

著者は云ふ、《自分はこの詩集で、ポエジイの力學的把握に、成功したと思つてゐる》と。詩の持たねばならぬ科學性が、如何なるものなるかをこの詩集は充分に示してゐる。方法のメカニズムに關する一般の概念はこの詩集によつて明らかに訂正されなければならぬ。（春日新九郎）

青の秘密　岩本修藏詩集　50錢

この詩集は豫想外の好評で、賣れ過ぎて困つてゐます。といふのは再版するとなると、それだけ又賣れてくれなくては都合が悪いからです。間もなく賣切れます。一日も早く御註文下さい。

MADAME BLANCHE

第１４冊出來　２０錢送料２錢

舊號の注文が激増しました。この事實は何を物語るものでせう？

合本（*No.3*ヨリ*No.7*マデヲ輯ム）改正定價７０錢 送料２錢

No.13　*No.12* 各20錢 送料2錢

ペリカン嶋　渡邊修三詩集　50錢

銀座のペーヴメントを、この詩集を手にして、ターキー・ミズノエが颯爽と歩いて行くのを、ボクは見ました。可愛いゝ眞紅の唇とクツキリと白い彼女の手と、そして黒いベレ。それをボクは眼を輝かせながら見送りました。（中野M）賣切近し、賣切後は再版せず。

近刊　ハガキで御豫約下さい

岡崎清一郎詩集　神樣と鐵砲　只今本文印刷中。「四月遊行」以來の待望の詩集。三月一日發賣　60錢

マラルメ詩集　戀の唄　北園克衛譯　戀の詩集マドリ　オの全譯　目下印刷中　和紙二度刷　60錢

衣卷省三詩集　實に愉快な詩集です。御期待下さい　三月出來

瑞枝　黄瀛の全集的詩集。何分大部のもので、それに私の氣に入らぬ個所は何度でもやり直しをさせますので、豫定より大分遲れましたが、只今製本中ですから間もなく出來いたします。價１圓８０錢

放縱　山中散生譯　アラゴンのコント集　1圓20錢位

童貞女受胎　山中散生譯　エリュアアルとブルトンの共著　1圓50錢位

『文芸汎論』（昭和９年３月号）に載ったボン書店の広告。だんだん饒舌になってくる。

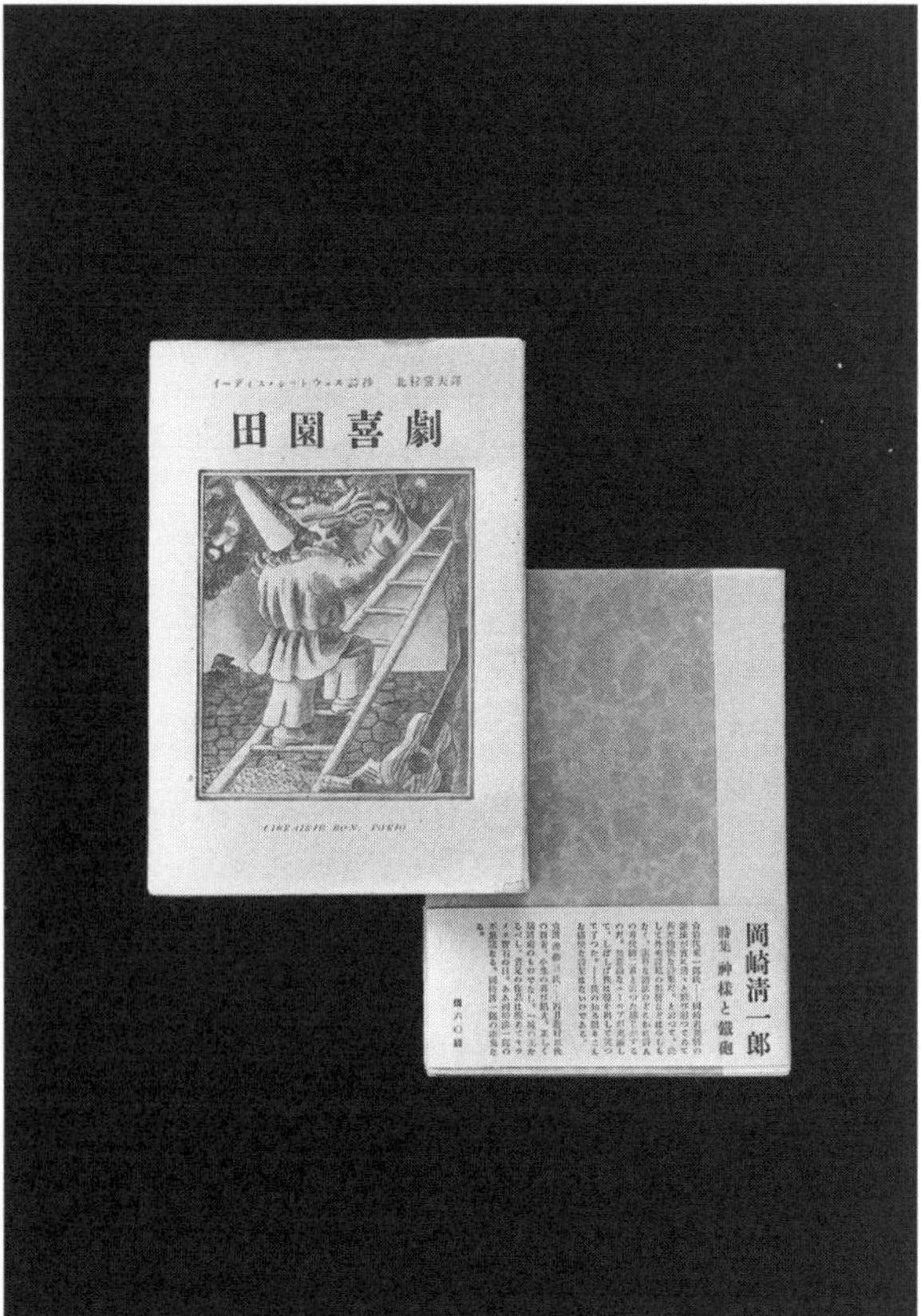

『田園喜劇』（北村常夫訳）と唯一再版を出すこととなる『神様と鉄砲』（岡崎清一郎）。

全部売れても損をすると宣言した豪華版詩集『瑞枝』（黄瀛）と最も不器用に全訳されたと宣伝した『恋の唄』（北園克衛訳）。

えるかというと、眩暈するほどの隔たり、である。

「最も不器用に全訳されたマラルメの恋の詩集」。五月に刊行された北園克衛訳の『恋の唄』にはこんなコピーが使われる。これは一九二〇年にフランス人魚社から出た『マドリゴ』の全訳であった。それを「不器用」に訳したわけだ。文庫本を一回り大きくした程度の瀟洒な小型本。オリジナル本はこの八倍ほどの大判であった。

紀伊國屋書店の宣伝雑誌『レッェンゾ』八月号に北園は書いている。「在来の訳詩法を無視して訳詩としての形式上の完全さよりも、マラルメの詩のエスプリの把握に意を用いた」。そしてこんな宣伝も忘れてない。「装丁、印刷、紙質の点で僕はかなり気にいったと思っている」。本の方は大変器用にできた。事実、北園は気にいったようだ。広告には著者からの手紙として「僕としても相当の出来栄えと自負しています。世界で一番美しい詩集、などとは言いませんが、一度は是非御覧願いたいと思います」と自賛自薦の文章が載る。確かに実に瀟洒なできであった。限定百五十部。そのうち上製のA版を六十部、並製のB版を九十部。和紙の本文を開くと右側の頁に赤の印刷で表題が、左には墨の印刷で作品を載せる美しい二度刷りであった。

この『恋の唄』とほぼ同時に、前年の五月に刊行予定だった黄瀛の詩集『瑞枝』がようやく刊行される。著者の黄瀛はもう帰国していて南京からこんな便りを寄せていた。

「詩集『瑞枝』が早く刊行されることを事毎に考へてゐる。（中略）これは東京の鳥羽茂君の何とか書房から出るのだが、出版責任者の鳥羽茂君があまり詩人で、僕があまり遠くにゐるので、この『瑞枝』も難産を習慣とした母胎のやうにあぶないものだ」（『詩人時代』昭和八年十二月）

鳥羽は広告に書いた。「私の気に入らぬ個所は何度でもやり直しをさせますので、予定より大分遅れました」。A五判、二百数十頁、表紙は畦地梅太郎の木版装、限定四百部の刊行。いつも小さな詩集を出してきたボン書店にとってこの堂々たる造本は異色であった。ボン書店の設備では対応できなかったのであろう、刊行書のなかでこれだけが印刷を外注に出している。この詩集は最初の刊行予告のときから「損失版」と宣言し、全冊売れても損することを明らかにしていた。珍しい宣言ではある。

著者の黄瀛は、大陸で戦死したと報じられたが、戦後になって健在が改めて知らされた。一九八四年数十年ぶりの来日を記念して『瑞枝』の復刻版が作られた。これと一緒に『詩人黄瀛』が刊行され多くの詩人らが当時を偲んでいるが、鳥羽茂に触れられることはなかった。

八月、衣巻省三の詩集『足風琴』を刊行する。衣巻は『文芸レビュウ』に参加し、第一回芥川賞候補になっている。むしろ小説家として知られているかもしれない。神戸出身、足穂の級友、作風はモダンであった。

十一月、ボン書店は三冊の書物を刊行した。まず、アラゴンのコント集『放縦』、これは日本の代表的なシュルレアリスト山中散生の翻訳によるものであった。口絵はエルンスト、表紙絵はアルプ、作品五編が訳出されている。この本の表紙は深紅のセロファン紙にくるまれており、そこに表題が印刷される凝った作りであった。これはダリの著書『見える女』(*La Femme Visible*, 1930) で使われた手法と同じであった。

これとほぼ同時に石河穣治の戯曲集『ペロケ色の衣裳』を刊行する。西洋婦人の写真を中央にコラージュした装丁は北園克衛によるものであった。

石河穣治は慶応出身で劇団テアトル・コメディーの新鋭作家であった。鳥羽茂と慶応予科で同級生だった小林善雄は本科(大学)に進むと『貝殻』という雑誌を始めるが、石河穣治もその同人であった。石河穣治に関する記録はなく、詳しくその来歴を知ることはできないが、実兄であるモダニスト歌人石川信夫の遺稿集によれば昭和十

『ペロケの衣裳』（石河穣治）は北園克衛の装丁。『放縦』（山中散生訳）には題字を印刷した赤いセロファン紙のカバーが付く。函から二、三回出し入れをすると破れそうで、美しいが厄介である。

六年に三十歳で死去していることがわかる。この年齢から推定すると鳥羽茂や小林善雄とほぼ同年代と考えてもいいようだ。

そしてもう一冊。小村定吉詩集『魔法』を刊行した。この詩人は前年に刊行した第一詩集『春宮美学』が風俗紊乱で発禁となっており、『魔法』はこの姉妹編となっている。ボン書店も発禁の覚悟はしていたようで、「○○か？　冒険的出版。予約者は○○の際も安全」と広告している。幸い○○にはならなかった。

本文は耳付き和紙で、二度刷りの和本仕立て。これを和紙貼の帙に収めている。『放縦』『ペロケ色の衣裳』から一転して純和風の作りとなった。

昭和九年、この年ボン書店は八冊の書物を刊行した。いや「東都書院」の名による詩集を合わせれば十二冊になる。雑司ヶ谷三丁目時代に比べるとかなりハイペースになっている。坂本哲郎の下を離れ、五丁目に移転した鳥羽茂は、虹霓社なる印刷屋を始める一方で、ボン書店での活動を本格的な軌道に乗せようとしていた。

ところで、この年の夏ひとつの出来事が起きていた。『マダム・ブランシュ』の終刊である。二年前、丁度ボン書店開業と同時に作られたハイブロウな磁場は姿を消してしまったのである。

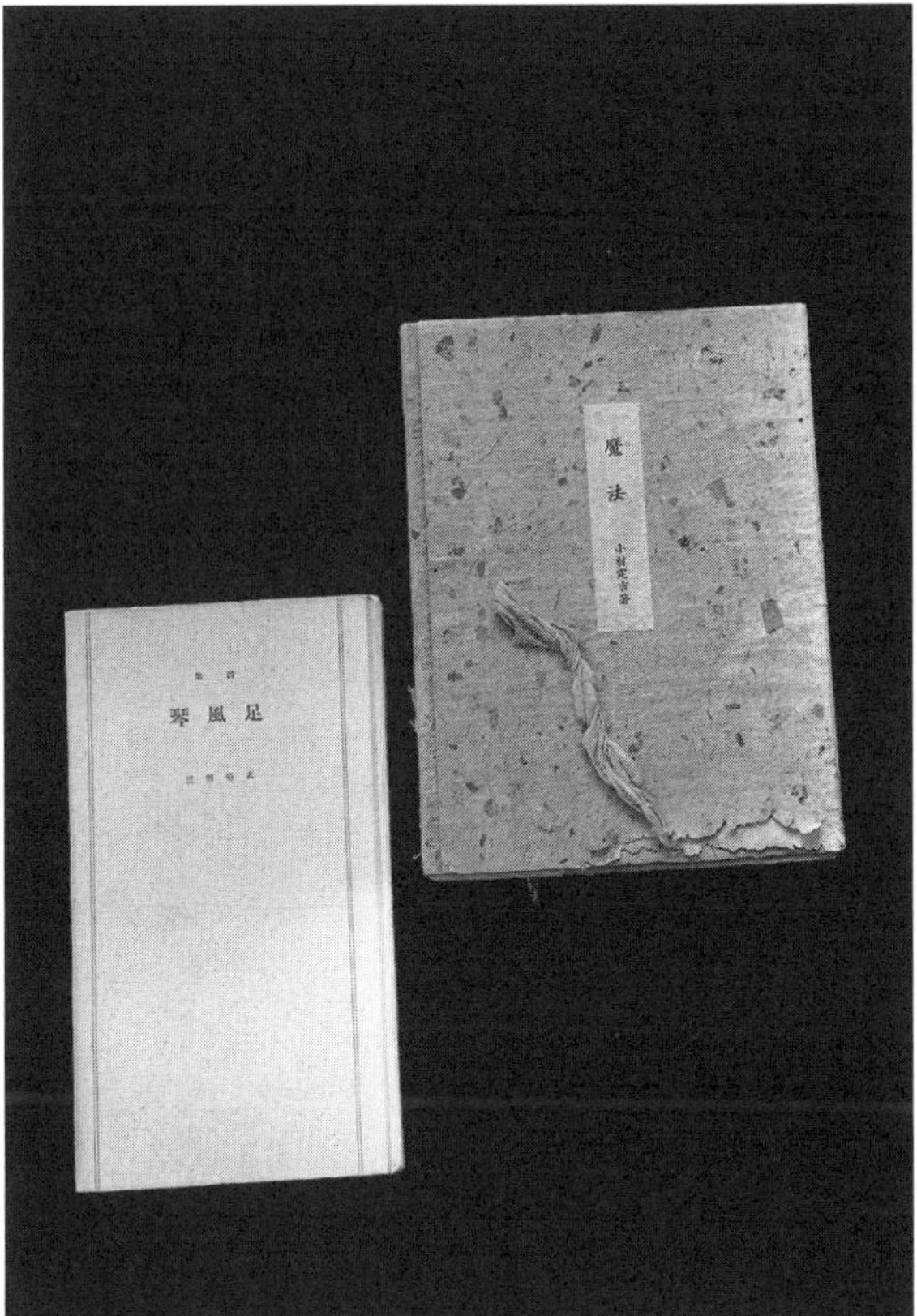

発禁覚悟の出版だった『魔法』（小村定吉）と『足風琴』（衣巻省三）の和紙刷特製版。

このことは象徴的な出来事だったかもしれない。姿を消したのは、本当は『マダム・ブランシュ』ではなくて、『マダム・ブランシュ』を生み出した、弾けるような熱気だったのかもしれない。どこか混沌としていて、ボーダレスな時代は、少しずつ整理されつつある。

『マダム・ブランシュ』の終刊

昭和九年八月、『マダム・ブランシュ』十七号の表紙には「終刊号」と印刷されていた。尖端を駆けてきたこの雑誌は二年間、十七号をもって終わることとなった。ブランシュの帆にいっぱいの風を受けてボン書店はモダニズムの海へ乗り出してきた。岸辺から遠く離れたこの航海でなにが起きていたのだろうか。

『マダム・ブランシュ』は「アルクイユのクラブ」の機関誌として発行されてきた。会長や代表を設けてはいないが、実質的に北園克衛がこの中心である。このクラブには若手モダニスト詩人が多く参加していた。府立第一商業学校の学生らが出していた『オメガ』、これは『マダム・ブランシュ』に対して『ミス・ブランシュ』と呼ばれたグループでもあった。神戸の『オペラ』、『海盤車』、浜松の『呼鈴』などに参加していた地方在住の若手モダニストたちも北園の招請を受けてアルクイユの圏内に集まってきた。踊りのお師匠さんよろしく門弟を増やし流派を作るということではない。だが、北園克衛や岩本修蔵らが誌上で熾烈に他誌を攻撃し、唯一ブランシュの尖端性を語りだす中で、しだいに党派性が色濃くなっていた。

若手のメンバー桑原圭介は『マダム・ブランシュ』十三号（昭和九年二月）にこんなことを書いている。

「アルクイユ・クラブに親分子分の関係がないことは、しばしば先輩たちがしゃべったところだ。『マダム・ブランシュ』においてアルクイユのクラブ員の関係がいかなるものであるか」。それは「正確な方法を以ってポエジイをアクティブに追及するところのカルテルであって、決してトラストではない」。つまり「カルテルは連合した後と雖も各自はその独立を失うことはないが、トラストは中央管理者たるトラスティの指揮命令の下にあって実質上の独立性を失ってしまうのである。解ったかしら」。

つまり、こんなことかもしれない。アルクイユのクラブの意味はよく解るけど、『マダム・ブランシュ』以外にもいろいろなやり方があってもいいじゃないか。もちろん「悪い」とは誰も言ってないのである。

『マダム・ブランシュ』はひとまずその役割を終えようとしている。アルクイユのクラブは『マダム・ブランシュ』という尖った点となって突出してきた。しかし、今度は桑原圭介が言ってるように各自の領域を包括する幅が必要となっている。『マダム・ブランシュ』の試みは、ここで縦横の幅を持った展開が問われている。それができないなら停滞するしかない。

つまり、バンドは解散である。いやＹＭＯ風にいうなら散開である。停滞せず開いていくためにはここで散った方がいい、ということであった。

ボン書店での『マダム・ブランシュ』

さて、鳥羽茂と『マダム・ブランシュ』の関係に目を向けよう。

鳥羽が発行所を引き受けたのは三号（昭和七年十一月）からで、このころは北園克衛が「編集兼発行人」となっていた。これが七号（昭和八年六月）からは菊島廣康に替わっている。この人はメンバーの菊島恒二の従兄弟で詩人ではなかった。つまり、菊島恒二が「編集兼発行人」となったのだが、彼がまだ未成年だったため、従兄弟の名前を借りたということらしい。これは北園が菊島に頼んだことだった。北園は自分が雑誌の主宰者のように表記されるのを好まず、「編集兼発行人」を岩本修蔵に渡したかったらしい。そのワンクッションとして菊島が選ばれたようだ。菊島は中学校時代に『ミス・ブランシュ』の異名をとった詩誌『オメガ』の編集経験もあり、また若く使いやすいということもあったのだろう。なにしろその春に中学校を卒業したばかり、まだ十七歳の少年であった。この菊島が担当することになった七号から鳥羽茂はアルクイユのクラブ員に名を連ねている。若い菊島はこのころから鳥羽と頻繁に連絡を取り合い、当時の友人の言葉によれば「鳥羽さんの片腕」のようだったらしい。菊島たちの世代の詩人にとって四〜五歳年長の鳥羽は優しい兄貴という印象だったという。(3) そして、この鳥羽を兄のようにバックアップしていたのが岩本修蔵だった。九号からは菊島は編集人となり、発行人の方は鳥羽茂となる。だが、菊島は当時誌面を賑わしていた変名による攻撃的な批評を嫌っていて、十号限りで編集人を下り、その後クラブからも脱退してしまう。替わって岩本修蔵が編集人となり鳥羽茂と共にこれを担当することになった。年は暮れ、昭和九年を迎える。『マダム・ブランシュ』もそろそろ潰れるとのゴシップめいた声が出始めたころであった。二月に発行された十三号から十五号までは北園・岩本の共同編集となっているが、十六号からは鳥羽茂の単独編集発行となる。ここではアルクイユのクラブの名前すら消えてしまい、クラブの機関誌というこの雑誌の基本的な形はもう壊れてしまっていた。

鳥羽茂も「散開」の準備に入っている。

ポスト・ブランシュ

『マダム・ブランシュ』の終刊号に鳥羽はアンデパンダン詩雑誌『レスプリ・ヌウボオ』の創刊を予告した。ボン書店独自の詩雑誌の創刊が日程に上がってきた。ところで、北園克衛はアルクイユのクラブの新たな機関誌として『ジャングル』を編集していた。創刊号は昭和十年一月、発行所は飯倉書店となっていた。ここにはこんな大時代的なコピーが載っていた。

「新しいポエジイに対する科学的認識とその詩的実践において日本を代表してきたアルクイユのクラブの未来への爛漫たる秘法を見よ。あまねく世の亜流どもよ来れ！　来りてジャングルの足下にひざまずけ！」

この号には「一九三四年十二月現在アルクイユのクラブ員名簿」が載っているが、

それによれば、会員数は二十六名。『マダム・ブランシュ』終刊時に会員だった三十七名のうち、二十二名が残っており、新たに四名が加わっている。『ジャングル』の第二号が発行されたのは五月。広告では二号にして早くも「復活号」となっていて、「来りて足下にひざまずけ」というほどの勢いではない。[4]しかも、せっかく復活した二号が結果的には終刊号となり、アルクイユのクラブは解散する。そして、七月。北園克衛はＶＯＵクラブを結成。機関誌として『ＶＯＵ』を創刊した。北園は終生をこの雑誌と共にする。アルクイユのクラブの試みはここにたどり着いた。

一方、ブランシュ終刊後、若い詩人たちは独自に新しい雑誌を発行した。『椎の木』の若手たちが出していた『カイエ』、早稲田の『エチュウド』、桑原圭介が編集発行していた『手紙』、この三雑誌を合体して『二〇世紀』が生まれる。[5]創刊は年が明けて、昭和十年の一月、丁度『ジャングル』の創刊と肩を並べた。

「『二〇世紀』は新しいポエジイの実験室だ。僕らには同時代が必要だ」と、こちらも威勢のいい宣言を携えての登場であった。饒正太郎、小林善雄、菊島恒二、桑原圭介、西崎晋、酒井正平、川村欽吾、上田修など、『二〇世紀』の詩人たちはいわゆる『詩と詩論』以降の世代、つまり、北園や春山行夫よりは若く、戦後の『荒地』の詩人たちよりは年長という狭間の世代であった。

『二〇世紀』は昭和十一年十二月に終刊、翌年の五月の『新領土』創刊に合流していくことになる。

このように『マダム・ブランシュ』は、大きく三つに分岐した。そしてアルクイユのクラブというフィールドは消えようとしていた。しかし、これは分裂ではなく散開であった。

確かに、時代はモダニズムやシュルレアリスムを流行遅れの言葉にしようとしている。尖端へ向かう意志はしだいに見えづらくなってきていた。そんななかで鳥羽茂もまた新しい場所を作ろうとしている。

註

(1) この移転については静文夫宛鳥羽茂葉書にて昭和九年一月と特定できる。この移転は『詩人時代』(四巻三号、昭和九年三月)の「詩界ニュース」欄、『文芸汎論』(四巻三号、昭和九年三月)掲載のボン書店広告で案内されていた。

(2) 女流詩雑誌『ごろっちょ』は岡本須磨子、高橋たか子、生田花世らを中心に二十九号(昭和十七年)まで続いた。

(3) このプロセスは上田修、宗隆彦からの聞き書きによる。二人は菊島と共に詩誌『オメガ』の同人であり、一九八九年三月、菊島が亡くなるまで終生の詩友であった。宗隆彦が書いた菊島恒二への追悼文「黙ってお別れ」（『暦象』百十三号、一九九〇年）によれば『オメガ』グループの大部分が『マダム・ブランシュ』へ移行したのは岩本修蔵の誘いによるものだったとある。

（4）『レッェンゾ』（昭和十年五月号、紀伊國屋書店）掲載の広告。

（5）『詩人時代』四巻三号（昭和九年）掲載の「詩界ニュース」には「新早稲田文学、マダム・ブランシュ、椎の木が糾合して早稲田詩会を創立」とある。これは早稲田の若手詩人の組織であったが、この同人誌として『エチュウド』が創刊されていた。このことはすでに『マダム・ブランシュ』の若手会員が他誌との交流を独自に開始していることを示している。『二〇世紀』が『エチュウド』『手紙』『カイエ』の三誌合体で誕生したことは、菊島恒二が静文夫（神戸の同人誌『オペラ』主宰）へあてた書簡（昭和十年）に記載されている。

●「アルクイユのクラブ」の構成メンバーは流動的であった。構成員の移動一覧を二八一頁に掲載した。

第四章　追跡鳥羽茂

あの人は誰

ボン書店を始めた鳥羽茂という男はいったい何者なのか。このことに視点をしぼってみよう。

彼がボン書店を開き、そして消えていく道行は大雑把に見ればこうなる。

昭和五年春、慶応予科入学のために上京した。このとき鳥羽はおおよそ二十歳であった。ほどなく中退し、二年後の夏、雑司ヶ谷の一角でボン書店を始める。

刊行されたボン書店の詩集や雑誌が彼の足跡を刻んでいるが、やがて鳥羽は詩人たちの前から姿を消していく。

詩人たちはそれぞれの場所で鳥羽茂の死を耳にしている。彼らの記憶では、鳥羽茂の死が伝えられたのは、詩誌『新領土』が発行されて二〜三年たったころ、すなわち昭和十四〜十五年ごろであり、不思議と誰もが「風の噂」でその知らせを耳にしていた。

どこからともなく現われて丁度十年、だが、どこで、どのような最期を遂げたのかは誰も知らない。

こうしてみると、鳥羽茂は、モダニズム詩の生成期（一九二〇年代）と終焉期（一九四〇年代）との狭間の十年を、駆け抜けて、死んでいったことになる。

もちろん、特別な人生というものはない。どんな時代を過ごすかは選択できることではないし、その時代の内側では彼の決意や断念も特別な風景ではない。たまたま、そんな時代を彼は生きたのだ。彼の風景がどこまでも無名であるように彼の駆けた時間もまた無名である。ボン書店を追いかけることは、刻まれたはずの無名な時間を追いかけていくことなのかもしれない。

彼はどこから来て、どこへ消えていったのだろうか。

「紙だって百年も経てば酸化して消えちゃうんでしょ。人の消息だって同じですよ」

鳥羽を知る老詩人はこんなふうに語った。どうも、人の消息というものは紙よりも早く酸化してしまっているようだ。

少年詩人・鳥羽茂が闊歩する一九二〇年代へ出かけてみよう。

半世紀前への扉

全くの偶然だった。古書展で『アケボノ年刊詩集』という合同詩集を何気なく手にしたところから鳥羽茂の追跡が始まった。

この詩集は昭和七年に岡山で刊行された県内詩人のアンソロジイである。そう分厚いものではない。この簡素な詩集にボン書店が広告を載せ、そして、鳥羽も執筆者としてここに参加していたのだ。

この巻末には間野捷魯による「岡山詩壇小史」が収録されている。そして、たった一行だけだが鳥羽茂の名前が登場する。

「鳥羽茂が岡山で『黠景』（同人誌）を出していた」

上京前の足跡は岡山にあった。

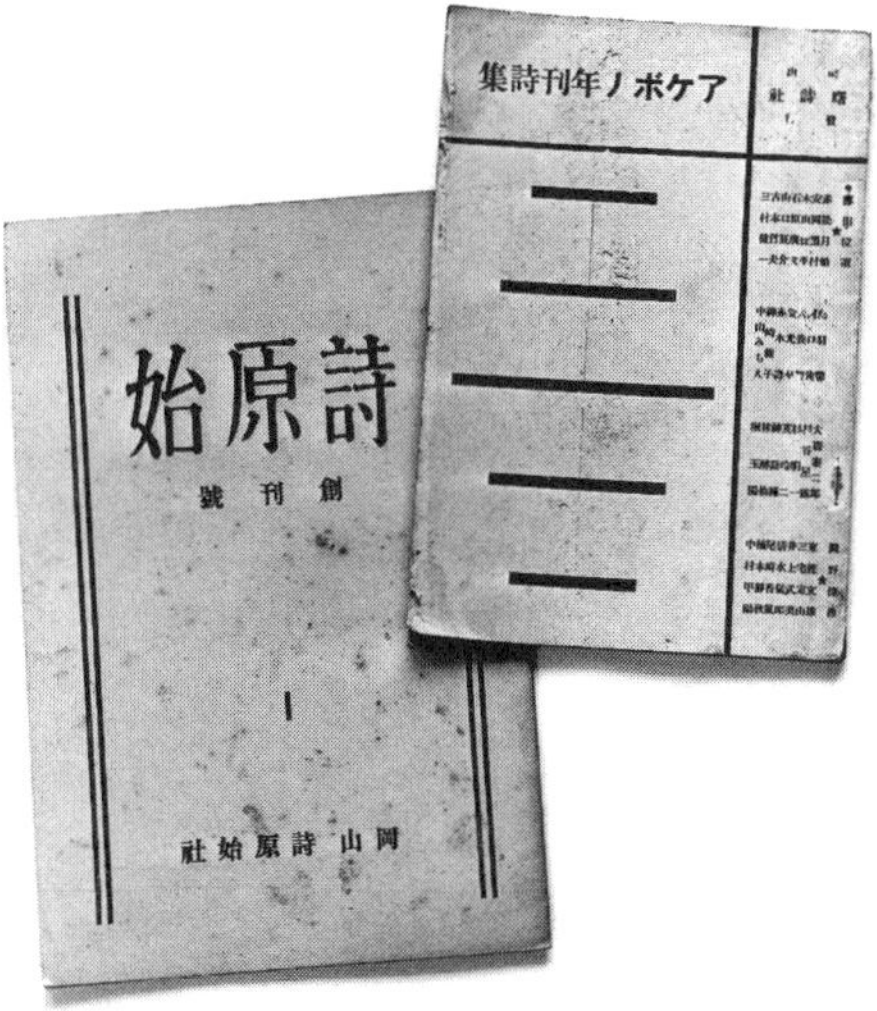

『詩原始』創刊号（昭和３年、間野捷魯編）は中学時代の鳥羽が印刷人となっている。表紙の題字も鳥羽によるものだったらしい。『アケボノ年刊詩集』（昭和７年）を編集した堀玉陽は中国詩人聯盟を結成する。上京していた鳥羽もこの聯盟の理事に名前を連ねていた。

これを書いた間野捷魯は岡山詩壇の長老として今も健在であった。

「もう何十年も昔の話ですよ。鳥羽茂のこともあそこに書いたこと以上には思いだせんですね。だけど、これを見て下さい」

そう言って差し出された一冊の雑誌は、間野が昭和三年に発行した『詩原始』という同人誌であった。この雑誌の「印刷人」が「鳥羽茂」となっているのだ。昭和三年といえば鳥羽はまだ中学二〜三年生である。なぜ、こんな中学生が印刷人なのだろうか。間野捷魯もそのへんの事情は記憶していない。

だが、こんな意外な話を『岡山の現代詩』（坂本明子、昭和四十七年）が裏付けていた。岡山で発行されていた『木曜』という詩雑誌に関する部分である。

「詩誌『木曜』は昭和五年一月に創刊された。県立商業を終えたばかりの横田久次、山本遺太郎の二人が主として企画し、同人としては鳥羽茂、太田肇、高橋知也の五人である。（中略）鳥羽茂は岡山一中出身。中学三年ぐらいの時から謄写版印刷機を買って自分で印刷して『點景』という小さい詩誌を出していた。仲間はいずれも中学の同級四、五人であった。『木曜』の終わり頃に阪本越郎だったか近藤東だったか、そこがはっきりしないが、鉄道の機関誌の編集をやらないかと誘いをうけて上京、しばらくその職にあったり、東京雑司ヶ谷というところのボン書店の経営を引き受けてやったりしたという。しかし上京後の消息ははっきりせず、そのうち死亡したといわれている。詩集『雨の停車場』があるというがこれも見当たらない」

（引用文中「阪本越郎」は「坂本哲郎」の誤記と思われるが原文のまま載せた）

昭和三年頃、印刷機を買い込んだ中学生の鳥羽茂は岡山の片隅で自分の同人誌や他人の同人誌をせっせと刷っていたのだ。これらの雑誌、つまり『詩原始』や『黜景』が活版印刷であることを考えると、引用文中にある「謄写版印刷機」というのは違っているようだ。四年後、この少年が東京でボン書店を名乗っているのだから、どうやらここでの印刷機との出会いは運命的なもののようだ。

ここでの記述を見ると鳥羽の上京後の消息がはっきりしていない。これは、上京前の消息を東京では誰も知らないことに似ている。この断絶は妙に鮮やかだ。

投稿雑誌追跡

さて、ミドル・ティーンの若い詩人たちの中に鳥羽茂を探してみよう。

今ではあまり耳にしなくなったが、「投稿雑誌」というメディアがこのころの少年詩人たちを引き付けている。少年詩人、といっても少年もそろそろ晩年にさしかかっていた連中である。彼らはなんともエネルギッシュであった。彼らの作る同人誌はまるで自主製作の音楽テープであり、投稿雑誌というフィールドはそんな全国の少年詩人にとって月一回のオーディション番組であった。一昔前のアマチュアバンドブームのように若く無名なエネルギーはプロとアマとのボーダレスな状況を産みだしていた。

そんな投稿雑誌のひとつに『文芸』がある。改造社から同名の総合文芸誌が発行されるのは昭和八年のことで、これは文芸社というところから発行されていた純然たる投稿少年向きの雑誌であった。中学生の鳥羽茂がこの『文芸』に初めて顔を出したのは昭和二年十月号であった。ここには大鹿卓の選で「秋」「晴れた朝」の二編の短詩が掲載されている。

「秋」

昼の楽屋のしづけさ。おしろいのついた硝子
窓の上にこほろぎが一匹とまつてゐる。
少女はしづかにリーダーを読んでゐる
私は少女の為にだまつて鉛筆を削つてやつてゐる。

そして、二カ月後の同誌十二月号には鳥羽に関してこんな評が載る。

「鳥羽茂・常に好きな詩人。本誌へは初めて顔を出したやうだが、地方詩壇では相当跳躍してゐる。いつも少女の短詩を書く」

この評の書き手も投稿詩人の一人だ。もう一人、別の投稿詩人はこんな評を載せている。

「鳥羽茂君。岡山詩人協会で奮戦されている君の詩が、こんな片隅にあるのを見て寂しく思った。しかし作品はいい。かなりいい」

このころの投稿詩人たちには、鳥羽茂が「地方詩壇で跳躍」する姿や「岡山詩人協会で奮戦」する姿が見えていたようだ。だが、他の投稿雑誌、たとえば『若草』や『文章倶楽部』『愛唱』『現代文芸』などには鳥羽の名前を見ることはできない。おそらく「同人誌」というメディアが毛細血管のように各地の少年たちに情報を送っていたのだろう。

昭和二年の十一月に発行された『現代文芸』四十号には鳥羽が出していた同人誌『點景』がこんなふうに紹介されている。

「『點景』。岡山市門田十九岡山詩人協会。同人、鳥羽茂・井上千秋の二人。鳥羽茂はよい素質の詩人である。誇張せずに素直な態度でいつも作っているのは良い」

鳥羽茂もここでは一人前の詩人扱いである。もちろん、岡山詩人協会といっても、

『TEN. KEI（點景）』は中学時代の個人詩誌。『MocYoh（木曜）』は友人たちと出した同人誌。『異邦児』は中学生だった鳥羽が「鳥羽印刷所」を名乗って印刷した詩集。

これは中学生の鳥羽茂が勝手にそう名乗っていただけの「団体」であった。
鳥羽茂はその後も何度か『文芸』に登場するが、年が明けて昭和三年二月号を最後に消えてしまう。
ところが一年ほど経った昭和四年の一月号にこんな「読者の声」が載った。

「池田絢子の名で投稿していた岡山詩人協会の鳥羽茂、此頃どうした。詩集刊行に多忙か。選洩まで詩集に載せるんじゃないだろうね。誰だったか、鳥羽の池田を間違って見得を切っていた様に思うが、鳥羽はさだめし苦笑しているだろう」

姿を消したかに見えていた鳥羽は「池田絢子」という名前でそっと投稿していた。この「池田絢子」の作品に対し、こんなのは人真似だと酷評する投書が載ったりもするのだが、確かにそれを読めば鳥羽も苦笑していたかもしれない。昭和三年四月号に「池田絢子」はこんな作品を載せている。前出の短詩「秋」の詩風とよく似ている作品だ。

「静居」　池田絢子

金魚はたまゆふに尾を振り
庭を小さく映した玻璃鉢の中にぢつと浮かんでゐる
誰か扉の外を通つて行くらしい気配である

十月
歯に沁む朝の牛乳

無名な交通

ところで、当時詩壇では、全国組織の詩話会が解散したのを受けて詩人協会が新たに作られていた。だが、尾形亀之助、大鹿卓、福富菁児など詩人協会の体質に反対する詩人たちは、これとは別に全詩人聯合を結成することとなった。昭和三年一月のことである。四月に発行された機関誌『全詩人聯合』創刊号に鳥羽茂は会員として載っている。岡山県在住の会員は鳥羽一人であった。鳥羽はここに詩を一編載せているが、偶然であろう、並びに載っていたのは後に書生として世話になる鉄道詩人坂本哲郎であった。

少年詩人鳥羽茂がここに参加することになったのは、全詩人聯合の中心に投稿詩の選者の大鹿卓がいたこと、そして福富菁児がいたことが関係しているようだ。後に鳥羽は「福富菁児に就いて」（『詩人時代』昭和七年五月号）のなかで「福富とは『瞳』を出していた頃からの交遊がある」と書いている。『瞳』とは鳥羽が『點景』の前に出していた同人誌で、大正末年か昭和二年のころ、まだ鳥羽が投稿欄にも出てくる前のお話であった。およそ「交遊」というのもおこがましい話で、鳥羽が勝手に尾形亀之助らと共に短詩運動の中心にいた福富菁児に自分の同人誌を送ってみた程度と考えていい。

全詩人聯合は詩人協会にさえ属していなければ誰でも入れるものだったが、中学生の鳥羽にとって、大鹿卓や福富菁児から入会の案内を貰えたとすれば、一人前の詩人として認知された喜びもあったに違いない。鳥羽が投稿雑誌から姿を消すのはこの『全詩人聯合』が発行されてからであった。「詩人」としての自負が一回り大きくなった、ということだろうか。

鳥羽茂が出していた同人誌『黚景』は残念ながらついに見ることが叶わなかった。だが、このころ、鳥羽はあちこちに足跡を残している。同人誌活動はこの少年を新しい交通の場所へ連れ出していたようだ。

たとえば、福井では『歌ひます』と題された八頁ほどの小冊子が発行されている。昭和三年の一月、発行人は福井県金津町の永井善太郎となっている。この印刷人が「岡山市門田十九　岡山詩人協会印刷部」つまり鳥羽茂であった。永井善太郎は後の児童文学者永井鱗太郎、当時は新米の教員で、鳥羽よりは年長であった。彼も投稿詩人の一人であり、福富菁児との交遊から全詩人聯合に参加していた。

同じころ、『京都文芸』(村岸清太郎編、京都文芸社)創刊号にも鳥羽は詩を載せている。そして、この巻末にはこんな広告まで載せていた。

「昭和詩集(吉邦二郎氏装、四六判、二百十余頁)。昭和三年三月十五日発行。定価一円二十銭。希望者は下記まで申込みのこと。岡山市門田十九　岡山詩人協会」

なんとも具体的な案内だがこれは未刊行であった。

また、その四カ月後の昭和三年の五月には、神戸の関西学院詩人協会から発行された『街景』という詩雑誌に『黠景』の広告が載る。この雑誌は後に椎の木社からジョイスの『一片詩集』を出す北村千秋が編集していた。広告によればこの北村千秋も『黠景』の同人となっている。(1) どうやら、『黠景』は岡山一中のお友達雑誌ではなかったようだ。

十代の無名な詩人たちのはじけるような交通のなかに鳥羽茂の姿が見え隠れしている。

一九二〇年代・尖端少年の岡山

一九二〇年代を岡山で過ごしたそんな尖端中学生の話を伺いに山本遺太郎を訪ねた。山本もかつて鳥羽茂と共に詩誌『木曜』の同人に名を連ねていた。もう半世紀以上も昔の話である。現在、氏は岡山文壇の重鎮として吉備路文学館の館長を務めている。東京から岡山へ新幹線で四時間。一九二〇年代、鳥羽茂らが感じていた距離感とは比べようもない。

確かに、私たちは当時の彼らの想像を遥かに越えた現在を当たり前のように生きている。だが、当時の尖端中学生群像はそんな私たちの想像を遥かに越えてもいる。

「鳥羽茂とは、一、二回しか会ってないように思うんですよ。昭和五年に横田久次と『南国』という雑誌を始めて、そのとき鳥羽も一緒でした。横田が仲良かったんでしょう。『南国』って名前は格好が良くないって、確か鳥羽がそんなことを言って、二号から『木曜』に変えたんです」

大きな硝子窓からは午後の光が射し込んでいた。窓の向こうには文学館の前庭が広がっている。晩秋の静かな昼下がりだった。山本遺太郎は半世紀以上も前の記憶を丁寧にたどりながら、まるで言葉を刻むように話してくれた。

山本遺太郎は同級生の横田久次と共に昭和四年に岡山商業学校を卒業した。この級友が山本に与えた影響は大きかった。

「横田が、昭和二〜三年でしたか『薔薇・魔術・学説』を発行所から取り寄せたんです。十五歳ぐらいの時分ですね。そのころ私はアルスから出ていた村山知義の『カンディンスキー』を本屋で見つけて、なんだろうって買ってたんです。ダダ以降の絵画に興味を持っていたのかな。で、ある日、横田が『薔薇・魔術・学説』を持ってきて、アッと思いました。文学にもこういう世界があったんだなあってね、びっくりしました。古本屋で萩原恭次郎の『死刑宣告』を買って、学校の国語の時間に、隠れて読んでいたら、先生に見つかって取り上げられてしまいましてね、それきり返してくれなかったんですよ」

『薔薇・魔術・学説』は冨士原清一による先駆的なシュルレアリスム雑誌。詩集『死刑宣告』は岡田龍雄のリノリウム版画と大胆な活字の配列による画期的な詩画集であった。いずれも、一九二〇年代を象徴する文献である。

「そのころ、学校の廊下を使って美術展をやりましてね、構成主義のまねごとみたいな作品を並べて、何だかわからん、と言われるばかりで誉めてもらえんでしたけどね。やはり横田の影響でしょう。シュルレアリスムの方に傾いていって、学校の雑誌にもそんな作品を載せてたんです。二人とも教員室に呼ばれて、お前ら過激派じゃって怒られましたね」

山本は温厚な笑顔を見せる。

「実はね、萩原朔太郎や室生犀星あたりを読んだのは後なんですよ。先に、西脇順三郎や尾形亀之助、安西冬衛なんかを読んでしまったんです」

まず、それがあったわけだ。

山本が尾形亀之助の第一詩集『色ガラスの街』を古本屋で見つけたのは昭和二年ぐらいだった。たまたま手持ちがなかったので急いで横田の家に駆け込んだ。「古本屋に『色ガラスの街』があった」、そう告げるや横田の顔色が変わった。二人で大急ぎでその古本屋に走ったのは言うまでもない。むさぼるように読んだ。

「横田もそうでしたが、鳥羽なんかも尾形の影響は強かったでしょう。というより『亜』の短詩ですよね。影響というのか真似ですかね」

大連では安西冬衛らによる詩誌『亜』が発行されていた。昭和二年の暮に『亜』は終刊となるが、その後、若手の詩人城小碓（本家勇）や小杉茂樹らが『戎克』という詩雑誌を始めている。ジャンクと読む。古くからの木造帆船をこう言うらしい。『戎克』の巻末に設けられている受贈雑誌の欄に岡山の『點景』の名前が現われるのは昭和四年の五月号と十月号だった。鳥羽は『點景』を作ると遥かなる大連に送っていたのだった。いや、遥かなる、という言い方は適当ではない。

横田や山本、そして鳥羽、岡山の尖端中学生にとって大連はそう遥かな土地ではなかった。大連、東京、パリ、ロンドン、彼らの感性から見ればたいした距離ではないのだ。

たとえば当時の岡山にはまだ丸善はできてなかったが、年に何度か出張してきて外国雑誌、書籍の予約を受け付けていた。そんな機会に山本遺太郎もマン・レイやクレー、バウ・ハウスの文献や雑誌を入手していた。それは東京から『薔薇・魔術・学説』や『詩と詩論』を取り寄せるのと同じような感覚だった。

では岡山という街には彼らをそんな気持ちにさせる、何か新しさやエキゾチシズムがあったのだろうか。

「いやあ、古い城下町でしたよ、田舎です」、山本の反応はあっけない。

記録によれば大正十二年に岡山も都市計画法適用都市に指定されてはいたが、施行は遅れていた。中学生の鳥羽や山本たちの目には何カ所かでようやく始まった道路工事の風景ぐらいしか映ってなかったはずだ。およそ近代都市という景観は現わしていない。

「繁華街といっても瓦屋根が続いていましたね。モダンな町並みなんてものじゃありません。むしろ、そういう古さみたいなものへの反発はありました」

こんな彼らに街の外側をかいま見せたのは映画だった。地味な芸術作品は東京よりも二～三年遅れでやって来たが、外国映画が彼らに与えた影響は小さくない。山本遺太郎も『キネマ旬報』のバックナンバーを探し、映画評を各映画館が発行する週報や地元新聞に送っていた。しかし雑誌で知った『カリガリ博士』は岡山には来なかった。

「ずっと岡山にいたのでは系統的な映画研究はできないな、とがっかりしました」

尖端中学生たちは、この古い城下町から世界と交信していた。鳥羽にとって印刷機は世界への発信機だった。

記憶された風景

「横田は鳥羽と仲が良かったんでしょうな。もしかしたら『點景』にも書いていたのかもしれません。私も『點景』を見た記憶はあるんですが、あれは謄写版印刷ではなかったですね。活版印刷の洒落た雑誌でした。鳥羽というのは実家が印刷屋でもしているのかなと思ったんですが、横田から聞いたんでは鳥羽は下宿に活字を買い込んでなにかやっていたというんですね」

鳥羽が下宿暮らしだった。これはつじつまが合う話だ。調べてみると鳥羽は岡山市に転籍されていなかった。つまり、市外あるいは県外に実家があり、鳥羽は岡山一中に通うために市内に下宿していたことを示している。もうひとつは、鳥羽の住所がしょっちゅう変わっていることだ。判明する限りでは昭和二年から五年の春までの四年間に四回も住所が変わっている。この四カ所は、それぞれが第六高校や岡山師範学校、横田久次や山本遺太郎が通っていた県立商業学校の側と、下宿があっても不思議でない場所ばかりであった。

では、そんな当時の鳥羽茂を誰か見てないだろうか。下宿で活字を組んでいた妙な少年を誰か記憶していないだろうか。

鳥羽が通っていた岡山一中は正確には岡山県岡山第一中学校といった。現在は県立朝日高校となり、当時とは場所も変わっている。当時の岡山一中は烏城と呼ばれた岡山城の城内にあり、天守閣に隣接していくつもの校舎が並んでいた。

岡山一中は明治七年創立という長い歴史にもかかわらず校史の類が一度も刊行されていない。さらに空襲で資料を焼失し、残念ながらこの中学校の一九二〇年代は文献としては再現されてない。

だが同校が一九八八（昭和六十三）年に発行した同窓会名簿には、鳥羽茂の名前が載っている。昭和五年の卒業生の欄に、ただし「消息不明者」としてであった。とにかく、この名簿で鳥羽茂のかつての同級生たちへ問い合わせをしてみた。(2)

［級友からの返信］

「さてお申し越しの鳥羽君の件ですが、断片的にしか記憶が戻りません。ボート部で一緒の一時期、彼が中堅で漕いでいたときがありますが、どの年度であったかはっきりしません。朝日高校に尋ねればあの当時の『鳥城』が保存されていてボート部の報告の中に鳥羽君の名前が出てくるかもしれません。大阪遠征の時はマネージャーとして世話してくれていて、宿に一緒に泊まったと記憶しています。

彼は僕たちより一年だけ年上でしたが、年上という感じよりも、別世界の人という印象が残っています。それは彼が超然としていたというのではありません。共に子供らしくはしゃいでいましたが、彼には純粋に子供らしい、汚れのない子供らしさがありました。それは新鮮な驚異の目で外界を見ている魂を内に秘めているように感じました。ふと発する言葉が感覚的で、彼のもらす一言がそのまま詩の一節になるように思えました。感性だけでできている人というのが、彼について浮かんでくる印象です」

「彼の家に（その頃彼は東山あたりに一軒の家を見つけて一人でそこに住んでいました）行った時、自分の詩や同人の詩を詩集にして出すんだといって、活字を部屋に並べて組んでいました。その頃だと思いますが、彼が肋膜炎になって寝込んでいるところに訪ねて行ったことがあります。夏でした。狭い家だったので玄関に入ると裸で敷布団だけで寝ていました。痛い痛いと言いながらしきりに何かしゃべっていましたが、何をしゃべっていたのかよく覚えていません。看病する者もなく独り

昭和２、３年頃の岡山一中短艇部。前列左から三人目が鳥羽。病気がちにもかかわらず在校中はずっと短艇部だった。

でした。
あの当時の彼の顔もはっきり覚えていますし、いつも腰に手拭いをぶら下げて歩いていた面影も明瞭に目に浮かべることができます。記憶は断片的で、これぐらいしか浮かんできません。なにしろ、六十年近くも前のことです」

何人かの同窓生は半世紀を隔てた向こう側に鳥羽茂の姿を記憶していた。この返信にもあるように特別に目立った像ではないが、しかし、彼らの記憶の中で鳥羽茂のいる風景はどこか寂莫としている。

たとえば、鳥羽は小柄でおとなしい感じだったようだ。目立つ存在ではなかったが、国語の教師からは一目おかれて、詩を書いている文学少年として級友の間でも知られていた。そして、ボート部の選手で活躍もしている。そんな様々な断片はなにか特別な印象を与えるものではない。だが、その断片に共通して映されているのは、彼には両親や近親の影はなく、独り暮らしの部屋で活字を組んでいるという姿と、病弱で少し寂しげな印象である。

次の返信もそんな鳥羽の像を伝えている。

「鳥羽君とは仲が良くて彼の下宿に夏の夕方に遊びに行った時、狭い部屋の中で蚊帳を張り寝ていました。病身でした。詩集を出版し詩作で飯が食えるなどと自信をのぞかせていました。彼の影響で私も詩人になろうかと思ったこともあります。校内の弁論大会で『しどろもどろの話』という題目で出演したことも覚えています。鳥羽君は詩人の風格のようなものがありました。やさしくて、孤独な感じでした。昭和四年以降は交渉も絶え、その後どんなふうに生きたのか知りません」

廣田萬壽夫の『異邦児』という詩集はこのころの鳥羽茂が作った詩集であった。発行は昭和四年の五月、この詩人は当時安藤一郎と共に『花畑』という雑誌の同人だ。詩集の発行は東京の花畑社となっているが、印刷人は「鳥羽茂」、印刷所は「岡山市網浜東本町三三八　鳥羽印刷所」となっていた。鳥羽は自分の下宿の郵便受けに「岡山詩人協会」とか「點景詩社」とか貼り紙をしていたのだろうが、今度は「鳥羽印刷所」である。これこそボン書店の前身といっていいのかもしれない。

後記にはこんな記載がある。

「尚、病中にも不拘、御便宜をはかつて戴いた親しき友鳥羽茂君にふかく感謝の意を表します」

病気がちな鳥羽は一人でこんな詩集を作ったのだ。

ＴＯＫＩＯへ

話を再び山本遺太郎との対話に戻そう。山本と横田久次が雑誌『南国』を発行したのは昭和五年の一月だった。雑誌をやろうと言い出したのは横田で、鳥羽は横田の友人ということで山本の前に現われたらしい。鳥羽は『南国』という題名が古くさいと言い出し、彼の案で『木曜』と改題したが、春には中学を卒業して岡山を離れてしまった。『木曜』は十四号まで発行され、上京後も鳥羽は何回かは詩を載せていた。横田は上京した鳥羽とも音信があったようで、その関係だろう、『木曜』にボン書店の広告が載ったことを山本は覚えている。

この三人はそれぞれの道を進みはじめる。山本は映画へますます傾斜してゆき、エイゼンシュタインの翻訳などに打ち込んでいく。横田は抒情詩を書くようになり、『紀元』誌上で中原中也と共に推薦詩人として登場した。だが昭和十二年を境に突然詩作を中断、「朔太郎ふうに言えば『先天的記憶』を失った」（山本）らしい。エリオットやウルフなど、洋書を耽読し、何も書くことなく昭和十九年に結核のため死亡する。さて、鳥羽である。

鳥羽だけが上京した。岡山の友人にあてた音信はほとんど残されていない。ただひとつ上京後間もないころに間野捷魯にあてた葉書が残っていた。消印は昭和五年五月とある。

「ごぶさたいたしてゐます。お変わり御座いませんか？　小生まず元気で暮してゐます。『詩原始』の題字帰岡しました節お送りしておきましたが届いたでせうか？『詩原始』その後の号を見たいと存じます。御恵送下さるなら幸甚。

小生の詩集（點心詩集）いよいよ出すことにしました。予約募集中です。詳細は『文芸月刊』『詩神』『木曜』誌上等で広告することになるでせう（一部送料共五十四銭）。ご紹介下さるなら嬉しく存じます。

電車賃や葉書代にも困つてゐる始末故、御ぶさたになつても悪く思はないで下さい。汚れた葉書で相済みません。では又。

東京市外駒沢町上馬九七〇　　鳥羽茂」

暮らし向きは楽そうでない。だが、さっそく『點心詩集』なる自分の詩集を予告しているのはなんとも鳥羽茂らしい。もちろん『文芸月刊』にも『詩神』にも広告など載らず、この詩集も未刊であった。

小林善雄が慶応の教室で髪を伸ばしたちょっと大人びた学生の姿を認めたのはこのころだろうか。

「珈琲でも飲みに行こうか」

教室の窓から軽々と飛び出していく鳥羽を、小林は少し驚いたように眺め、あわてて後を追った。

一九三〇（昭和五）年春。北園克衛が銀座のカフェで岩本修蔵と新しい詩の雑誌を構想しているころであった。

註

（1）この広告では次の六名が同人として紹介されている。小野仲二、木村慶一、北村千秋、北村栄太郎、鳥羽茂、山本堯。このうち山本堯と鳥羽茂は岡山第一中学校卒業生名簿で確認できたが、他四名は載っていなかった。

（2）岡山第一中学校昭和五年卒業生約百名に対して①鳥羽茂に関して、②当時の一中に関してのアンケート調査を行なった。岡山一中に関する記載の多くはこのデータを参考にしている。尚、鳥羽茂は昭和五年卒業生の中で「四年生修了」となっていた。鳥羽は、五年に進級したが出席日数（おそらく病欠のため）が足りず五年生を修了できなかった。大学予科は四年修了で受験できたので進学には問題はなかったようだ。

第五章　転換の諸相

『レスプリ・ヌウボオ』創刊

話は再び昭和九年の暮に戻る。あの『マダム・ブランシュ』が夏に終刊、いや散開し、鳥羽茂は新たな動きを見せはじめる。十一月、鳥羽茂編集発行によるボン書店独自の詩雑誌がいよいよ送り出されることになった。誌名は『レスプリ・ヌウボオ』とした。創刊号の表紙を見ると日本語はひとつもなく、あの『マダム・ブランシュ』の颯爽とした登場を思い出させる。三号までをこの名前で発行し、四号からは『詩学』と改題、その後通巻で十二号まで続くことになる。

ところで、颯爽とした外見のわりに、この雑誌の出発はどこか中途半端であった。たとえば創刊号の編集後記はこんなふうに始まっている。

「ボン書店年来の懸案だつた詩の研究雑誌をここに貧しいながら創刊することができたのは非常な欣びです。（中略）この雑誌はコマアシャリズムに煩らはされない

鳥羽茂編集による待望の詩誌『レスプリ・ヌウボオ』。表紙には日本語が一文字もない。意外と評判が悪く4号から『詩学』と改題。本を読む人魚カットはボン書店のロゴマークだった。

で、出来得る限り純粋な詩雑誌にしたいと希望してゐます」（創刊号後記）

後記といっても一頁をまるまる使う長文で、それでも文末には「まだ書きたいことがいくらもありますが、もう書き切れません」といかにも残念そうに結んでいる。一切後記を載せなかった『マダム・ブランシュ』とは対照的だ。概してそのように長い後記というのはどこか言い訳がましい。

『レスプリ・ヌウボオ』の大きな特徴は雑誌の一部をアンデパンダン制として開放したことにあった。つまり「傾向、詩風を問わず」規定の金額を払えば作品を雑誌に掲載する、というもので、平たく言えば、金さえ出せば誰の作品でも載せる、ということであった。

鳥羽が後記で延々と述べているのは、そんな雑誌の姿勢であり方向である。要約するとこんなことだ。この雑誌をアンデパンダン制にしたのは雑誌経営上の方策で、別に同人制も採用している。だが、本当は広範囲に執筆してもらって「公器的な」詩の研究雑誌にしたい。だから、ある傾向の論だけに偏ることなく誌面を提供していく。

どうもよくわからない言い回しである。これは商業雑誌なのか同人雑誌なのかが不明瞭で、その曖昧な土台の上に「公器的な」詩の研究雑誌を目指すという言葉が安易に飛び出している。

旧『マダム・ブランシュ』の若い友人たちですら『二〇世紀』（創刊号）誌上でこの新雑誌に対する落胆の感想を載せている。

「ボン書店が新しくアンデパンダンの詩雑誌を出すことは新しい季節を開くものとして大いに期待していたが、この第一号に載ったそれらの作品を見ると、枯木の上で目を醒ました雄鶏のごとき詩がその大部分を占めているのは遺憾である」

とし、これは経営上の方便としての制度なのだろうから、今後の水準の向上に期待したいが、どうもこの雑誌の動向には淋しさを覚える、としている。

「枯木」と言われたのでは黙っているわけにもいかない。二号にも長い後記が載り、一層言い訳がましくなっている。

「そもそもこの雑誌の生誕は十数年も以前に起こつた詩的精神の清掃運動が今日に至るも尚終焉を告げるに至らずして、寧ろそれが常態であるかの如くに人々をして誤認せしめてゐる詩界の現状を黙視するに忍びず、遂に立つて単身世に警告を発す

る所あらんと欲した自身の熱意がボン書店をして支援せしめた所に由来するのであって……」（二号後記）

こういう固い文体で大いに怒っている。

だからどうなのか、鳥羽の言い分はこうだ。この雑誌はある特定のグルウプの機関誌でもないし、ボン書店の営利目的の雑誌でもない。詩精神の再建を目指してこの雑誌の発行は意図されたのであり、そういう意味での「公器」なのだ、と。

だが、この雑誌はアンデパンダン制を採用していた。金さえ出せば誰でも作品を載せることができたのだ。つまり、営利のためなら詩精神のかけらさえも掃き捨てたような作品でも載せるのだから、まず、そのような現状をこそ「黙視するに忍びず」でなければならないはずだ。

おそらく、引っ込みもつかなくなったのだろう。三号にも長い後記が載り、今度は言い訳ではなく、編集方針の変更が発表されてしまった。それなら、アンデパンダン制なんか廃止だ、と。

雑誌の目的は「同人の力量を一般に認めしめる」こととなり、「営利」（アンデパンダン制）と「編集者の意図の普及」はちょっと隅に置いておこうということになった。

これからは、同人も寄稿作品もすべて鳥羽茂が選択して載せるというのである。そして、『レスプリ・ヌウボオ』という雑誌名もこの号限りで止めて、四号からは『詩学』と改題することになった。理由は二つ。『レスプリ・ヌウボオ』という名前は長すぎて不便だということ。それに編集方針の刷新に際し従来の印象を改めたいということであった。

それにしても『レスプリ・ヌウボオ』は曖昧なまま揺れた雑誌であった。確かに西脇順三郎や左川ちか、冨士原清一、山中散生らが豪華な目次を作り上げている。が、この雑誌の位置は鮮明ではない。いや鮮明でないのは鳥羽茂の立っていた場所の方なのかもしれない。営利とアマチュアリスムの中途半端な融合といっていい。おそらくボン書店は雑誌発行による営業的な柱を作りたかった。二号には「創刊号売切について」という記事が載るが、それによれば北海道から九州、台湾までの書店で発行後二週間で売切、すでに残部もなく迷惑をかけたと、それこそ嬉しい悲鳴をあげている。『マダム・ブランシュ』とは違ってこの雑誌は四つの取次店を通して全国配本をしたから、まんざら嘘とも思えない。売上の増加の一方で、アンデパンダン制の採用で製作費も大いに軽減していた。「アマチュアの楽しみ」で出版をしている、と言っていたボン書店にとって、これは大きな転換になるはずであった。が、鳥羽は転換しきれなかった。「営利」と「編集者（鳥羽）の意図の普及」を両立させる試みは挫折する。
ここでも鳥羽は「営利」を選択できないでいた。

一冊も売れない雑誌を目指して

改題された『詩学』四号は昭和十年三月に発行された。目次だけ見ると、懐かしの『マダム・ブランシュ』である。それもそもっともで、後記には「今後アルクイユのクラブと共同戦線を張る」とあり、次号からは北園克衛との共同編集になると告げている。それこそ、いつか歩いた道である。

この『詩学』四号の広告が紀伊國屋書店のPR紙『レツェンゾ』二月号に載る。ここでは、「一冊も売れない詩誌を作ることがボン書店年来の希望である」と、絶妙なコピーが姿を見せた。

確かに商業出版にはよくよく向いてない人格と思われるが、この広告は最もボン書店らしい瞬間を垣間見せている。これが、三年前ならまだ「瞬間」は持続したかもしれない。だが、「一冊も売れなくなる時こそわれわれの勝利でなければならない」（『詩学』五号後記）という言葉にはもう停滞感が影を落としている。『マダム・ブラン

レスプリ・ヌウボオ
改題
詩學

第4冊　2月號25錢〒2錢

全國書店發賣・書店に無き場合は取寄せる樣
お申しつけ下さい・同人内規御照會あれ——

ハイブラウの精神…………北園克衛
喧嘩の神々……………………岩本修藏
ボナペの雪……………………丹野　正
テルモピレエの城…………小林善雄
詩への希望(ルイス)………上田　保
超現實主義史考(3)………山中散生
荒地について……… ………町野靜雄
最近の英國詩壇……………外山定男
最近の獨逸詩壇……………笹澤美明

作品　山中散生・丹野正・中村千尾・酒井正平・岡本美致廣・伊東昌子・佃留雄・小林善雄・川村欣吾・西崎晋・上田保・中村喜久夫・北園克衛・金澤福緒・西條成子・岩本修藏・加藤眞一郎・岡崎淸一郎・喜志邦三・黄瀛・稻垣勇・山下春彦・豐田龍江・長谷部林造・三野亮・平川驫・詩村映二・須崎長夫・平田零郎・多木伸・松下利哉・野村修二・鹽谷安郎・秋久卓士・田尻宗夫

譯詩　エス・スペンダー　上田保
レイモン・ラデイゲ　北園克衛

一册も賣れない詩誌を作ることがボン書店年來の希望である。

東京市豐島區雜司ヶ谷町5の677
ボン書店
振替東京59078番

『レツェンゾ』(紀伊國屋書店) に載った広告。

シュ』の一歩先をどうイメージできているのか、残念ながらこれは丁寧な再現でしかなかった。

さて、アルクイユのクラブとの「共同戦線」も一回限りでおしまいになる。クラブそのものが無くなってしまったのだ。

八月になると北園克衛は「詩と音楽と絵画と建築と工芸の最前線的デモンストラアションン」と銘打ってVOUクラブを結成、その機関誌『VOU』を創刊した。三年前、『マダム・ブランシュ』を作るときに目指した、詩から建築までのボーダレスな雑誌の実現であった。これでアルクイユのクラブは解散、駒は次に進んでしまった。あっさりしたものである。北園克衛もこれ以降『詩学』にはあまり書かなくなった。

鳥羽茂は取り残されたようにポツンと立っている。いや、正確には寝たり起きたりであった。というのは、春から患っていた肋膜炎のために伏せがちな日々を送っていたのだ。そんな中で、アルクイユのクラブとの関係解消を、営利追求の可能性を含んだ『レスプリ・ヌウボオ』の挫折を、そして『詩学』の宙吊りを、どんなふうに受け止めていたのだろうか。曖昧な場所で、彼は一人になっていた。

全身的な反抗

さてボン書店の詩書の出版活動の方を見てみよう。昭和十年に入り単行本はしばらく出版されていない。前年の十月、詩誌『レスプリ・ヌウボオ』の創刊に鳥羽は全力を注いでいたが、それが二転三転、重ねて肋膜炎も患い思うに動けないという状態でもあった。

当時のボン書店は土間に印刷機を置き、六畳くらいの畳部屋がその奥に続いていた。そこで鳥羽は妻と子の三人で暮らしていたようだ。妻は小学校の教員をしていたということだが、それ以上のことはわからない。子供の誕生は昭和八〜九年と思われるから、ようやく歩きはじめた赤ん坊というところか。妻も出版を手伝っていたと春山行夫は戦後に回想しているが、病気で伏せがちだった鳥羽の手助けに赤ん坊を背負いながら印刷機を回していたのかもしれない。おそらく鳥羽もちょっと具合が良くなれば土間に降りて活字を組んだりしていたに違いない。もともと経済力の乏しいボン書店にとって『レスプリ・ヌウボオ』による営利出版が挫折したこと、北園克衛との連携が解消したことは相当厳しい出来事であった。
ところで、このころボン書店は専用の郵便振替用紙の裏にこんな文句を刷り込んでいた。

「出版界の大量生産の傾向が、書籍の内容外観に与へつつある害毒は甚大なものです。就中、一般的なものにのみ市場を独占せしめる弊は、特殊研究や文化の前衛に致命的な打撃を与へてゐると言はれませう。ボン書店は、このやうな傾向に対して全身的な反抗を企て、文化の健全な展開の上に些少の寄与を期して邁進するものであります。幸に微意を諒とされ御声援を賜はらんことを懇望いたします。
ボン書店責任者　鳥羽茂」

ボン書店を創業したころには「アマチュアとして自分の好きな本を作ります」と言っていたことが「全身的な反抗」としての出版に変わっている。だが、基本的には何も変わってはいないのだ。関係の幸運に恵まれて出発したボン書店のアマチュアリスムが昔のようにはいかなくなっている。こういう試みはしだいに厳しくはなってきても楽になることはない。言い回しが変わっても鳥羽茂は相変わらず、である。貧乏を絵に書いたような生活の中から、しかし相変わらず瀟洒な詩集を送り続けていた。

ライナーノート・一九三五

一九三五（昭和十）年六月、ボン書店は詩集刊行を再開する。まず、山中散生詩集『火串戯』、これは「ひあそび」と読ませる。表紙や函を見ても『火串戯』という記載はなく、代わりに仏語で『JOUER AU FEU』と印刷された題簽が貼られている。このシュルレアリストの第一詩集は外国人好みに作られていた。塵入りの和紙が貼られた函、本文は耳付き和紙が使われ、造本そのものは極めて日本的であった。この装本はフランスのシュルレアリストたちの大きな反響を生んだ。「紙の魅力に憑かれて病気になりそうだ」という反応は彼らに共通したもので、ツァラもエリュアールもこの詩集を和紙のオブジェとして驚嘆していた。当初これにはダリの挿絵が入ると広告されたが、もし叶っていればこの造本はさらに効果的なものになっていたはずだ。

岩本修蔵の詩集『不眠の午後』が発行されたのは『火串戯』発行の四日後、六月二十九日であった。

ヨーロッパで限定刊行されていたシュルレアリスム文献では使用する本文紙の違いによって何種類かの版、すなわち特製や並製などに分類するものが少なくなかったが、この『不眠の午後』も限定百二十部刊行をこんなふうに分類していた。

A版　別漉耳付山家紙本十五部（一〜十非売本）
B版　コットン紙本二十五部（一〜五非売本）
C版　地券紙本八十部（一〜二十非売本）

B版とC版は四六判を一回り小さくしたほぼ正方形、対してA版は二回りほど大きい菊判と全く違った装丁になっている。A版の大きさは同時に作られた山中散生の『火串戯』と同じで、実は材料も同じものが使われている。本文の山家紙はそのまま使われ、『火串戯』の函に貼られていた塵入り和紙を見返しに使っている。ようするに余った材料でA版を作ってしまったようだ。

『不眠の午後』から二日ほどすると、今度は阿比留信訳の『ハリイ・クロスビイ詩抄』を刊行した。久しぶりに、しかもたて続けにボン書店は詩集を送り始めている。

ところで、『マダム・ブランシュ』の終刊前、つまり昭和九年頃に『手紙』という

和紙のオブジェのような『JOUER AU FEU（火串戯）』（山中散生）。『不眠の午後』（岩本修蔵）はA〜C版の三種を作る。写真はB版。

雑誌がボン書店の名前で発行されていた。『手紙』はアルクイユのクラブの若手詩人桑原圭介が「手紙のクラブ」を作って発行していた詩雑誌で『マダム・ブランシュ』の若手衛星詩誌であった。この雑誌はボン書店の印刷部門であった虹霓社（といっても鳥羽の一人二役であったが）で印刷され、正確に言えばボン書店はその発売所であった。

似た例だが、『バベル』という英文学研究雑誌がボン書店の名前で発行されていたことも付け加えておこう。創刊されたのは昭和九年の十一月。メンバーは慶応出身の若手英文研究者たちで、編集には前年に英国留学から帰国したばかりの外山定一があたっていた。だが、こちらはボン書店が名前を貸しただけで、実際は外山方に設けられた編集所が窓口になり、しかも全く別の印刷所が使われていた。取次店との関係でどこか出版社の名前が必要だったという程度で、ボン書店の直接的な刊行書とは言い難い。編集後記が「ST」という名前で書かれているが、もちろんこれは鳥羽茂ではなく外山定一であった。

話を戻そう。昭和十年の夏が過ぎた。九月になると、『文芸レビュウ』の同人であった一戸務の小説『竹藪の家』、十月には、旧『マダム・ブランシュ』の会員でもあった中村千尾の詩集『薔薇夫人』を刊行する。詩集『薔薇夫人』は書名を印刷した黄

『ハリイ・クロスビイ詩抄』（阿比留信訳）。『薔薇夫人』（中村千尾）には表題を印刷した黄色のセロファン紙カバーが付く。『竹藪の家』（一戸務）の表紙は『JOUER AU FEU（火串戯）』の函に使われた紙を使用。

色のセロファン紙をカバーのように貼りつけていた。これは山中散生訳の『放縦』で使われた手法と同じで途方もなく手間のかかる装丁だが、鳥羽はどこか楽しんでいるようでもある。

だが、再開されたボン書店の出版活動はここでまた中断する。このころの『詩学』に載った近刊予定を見るとモダニズム、シュルレアリスム関係の出版への意欲的な姿勢は衰えていない。予定ではこんな具合だった。

九月刊　童貞女受胎　山中散生訳
　薔薇夫人　中村千尾詩集
十月刊　象徴派詩人の印象　レニエ著／塩月赳訳
十一月刊　夜の鶯　春山行夫詩集
　ボオドレエル論　スウボオ著／冨士原清一訳
十二月刊　荒地　エリオット著／町野静雄訳
一月刊　杏咲く村　伊藤整詩集

予定の中で実現したのは『童貞女受胎』『薔薇夫人』の二冊だけであった。この中断の裏にはボン書店の大きな転換が隠されていた。十二月に発行された『詩学』八号ではこれらの予定広告は姿を消してしまう。そして、明けて昭和十一年二月、『詩学』九号で鳥羽はモダニズムからの別離を宣言することになる。『レスプリ・ヌウボオ』創刊からほぼ一年、二転三転の帰結であった。

ボン書店の転換

『詩学』改組について

数年来モダーニズムの旋風は詩的思考の分裂化、断片化となり、遂に詩の純粋性を喪はしめ、言語の曲芸にうつつをぬかし、精神の仮装に努めしむるに到りました。広告図案（フォルマリスム）と婬楽独善（エロティシスム）と錯乱暴言（コムミニスム）の跳梁がこの詩的痴呆の現状を雄弁に語つてゐます。（中略）われわれはかかる危機に無感覚な闇愚昏迷を一掃し、詩の正統を擁護発展させ、近代詩の完成に向かつて敢へて立ち上がる決意をしました。われわれは世界の厳然たる秩序、歴史の必然の遂行、言語の冷然たる法則に対して、極めて謙虚に詩的労作を進めるものです。

この意味において雑誌『詩学』を改組し、この雑誌にまつはる旧来の空気を更新して、以つて一意新たなる運動に専念せんとする次第です。志を同じうする人々の参加を切望します。

佐藤一英・鳥羽茂」

（『詩学』九号、一九三六年二月）

巻頭の頁にこのような「共同声明」が載った。まさに突然であった。この号から『詩学』は佐藤一英と鳥羽茂の共同編集となる。そして鳥羽はこれを機にペンネーム（鳥羽馨）の使用を止めることにした。

ここで佐藤一英という詩人について若干の説明が必要かもしれない。佐藤一英は一八九九（明治三十二）年愛知県で生まれている。同郷の春山行夫より三歳ほど年長、鳥羽茂よりは十歳以上年長になるはずだ。一言で言えばこの詩人は大正時代に象徴詩運動の最終回あたりを経験し、その後、短詩だ新散文詩だとかがトレンドになる中で新定型詩運動なるものの中心となった。話が少しそれるかもしれないが、この佐藤一英が鳥羽茂と出会うまでの道行を振り返っておこう。

一英は早稲田の予科で吉田一穂、横光利一と同期であったが、本科に進学せず帰郷、一時期名古屋で熱心な、というより狂信的な仏教生活を送り、宗教改革雑誌まで発行した。そんな中でなぜか牧師の金子白夢と出会うのだが、この白夢の息子金子玄は詩作にただならぬ興味を持っており後に詩人となる。筆名は折戸彫夫、ウルトラ・モダニストとして知られる詩人であり、佐藤・鳥羽共同編集の『詩学』では同人となっている。

さて、一英は大正十一年に名古屋で春山行夫と共に詩誌『青騎士』を創刊する。後にボン書店の「創業宣言」の一文を記すこととなる春山がここで佐藤一英と肩を並べていたのである。

詩誌『青騎士』終刊後、一英は福士幸次郎による「音数律詩論」を発展させた「新韻律詩」の完成に主力を注ぐ。世はまさに「短詩」や「新散文詩」の時代であった。こんな中で佐藤一英は新しい定型詩を作ろうとしていたのだ。その一定の成果として昭和十年七月に『新韻律詩抄』を非売品としてそっと刊行、九月には小山書店から市販版をドンと送り出した。ここに一英は新定型詩の形を提出し、後に「聯詩学」と呼ばれる運動の出発を告げることとなった。ボン書店・鳥羽茂との「共同声明」は丁度この運動の出発にあたっている。

交差する場所

鳥羽茂は佐藤一英と共に新韻律詩運動への傾斜を開始する。尖端を駆けてきた鳥羽茂が、なぜ二時代ほど前に復古したような韻律詩に向かおうとするのか。彼自身は、その理由を先の「共同声明」以上には語っていない。

たとえば、後記でも「僕の立場を弁明することが或は必要かとも考へられるが」と言いながら、「さういふことは抜きにして」と肝心な部分には答えていない。ただ、「最近」になって佐藤一英と妙に話が合ってしまったのが理由らしい。それまで全く交点のなかったこの二人、どこで話がかみ合ったのだろうか。

丁度一年ほど前であった。思いのほか不評だった『レスプリ・ヌウボオ』創刊号への反応に対して、鳥羽は気負った後記を書いていた。先にも紹介したが、結局そこで鳥羽が訴えていたことは現代詩（詩学）の再建であった。

新韻律詩の勃興はそれ自体大きなテーマに違いないが、登場のコンセプトは「詩の再建」であった。もともと詩は韻律を形式としていたが、これが自由詩、散文詩、そして新散文詩と発展してきた。「詩は散文に解消した」「詩の詩たる所以は滅びた」という批判はいつもあったが、シュルレアリスム（超現実主義）全盛のなかで「これ（新散文詩）は詩の発展形態なのである」という詩論が出てくると、これといった理論を持ち合わせていなかった「今まで」の詩人はいたって形勢不利となり、先頭走者・春山行夫が『詩と詩論』を出すや少年詩人も含めてホイホイそっちへ行ってしまうことになる。

昭和八年夏、栄光の『詩と詩論』が終刊となる。そんな中、新散文詩といえども韻律を一掃しては詩ではないという「意見」は、モンタージュ詩論だとか新韻律論というう「理論的」葛藤を経て登場することとなった。確かに新散文詩は純粋詩の発展形態のひとつかもしれない。だが「（詩とは）美の韻律的な創造である」（ポオ）ことを含まなければ、そんなのただの散文ではないか、詩は再建されねばならない。新しい詩とは、「ポスト新散文詩」のことになってしまった。

確かに「詩の再建」は、鳥羽茂と佐藤一英とが意気投合できる題目になっていたのだ。

佐藤一英にとっての再建プランとはどのようなものであったのか。簡単に言えば、超現実主義の詩は多くの人々にとって訳のわからないものになった。それでは「国民大衆」と繋がった詩を組み立てる方法を考えよう、それが韻律の復興となっている。

この論調の背景に見落とせないのがラジオ放送による詩の朗読であった。佐藤一英は昭和九年に発表した「詩の復興」（『都新聞』掲載）のなかで「ラジオの詩の朗読放送は（人々が朗読する詩を探す）欲求を一層強めた」とし、ラジオの力は、今後は「読むだけの詩」ではなく、美しい韻律を持った「聞く」詩を要求することになるだろうと書いた。なるほど、詩は歌われるものであった。だが、これは皮肉でもある。もともと詩は歌われるものだったのだ。それが近代の印刷技術の発達で「歌われる」ものから「印刷される」ものに変わった。「聞く」から「読む」に、さらに「見る」「触る」「驚く」ものへと裾野を広げ、しだいに韻律から離れていったのであった。そしてラジオが登場した。

確かにラジオ放送が人々に与えた影響は大きなものになっていた。記録によれば昭和二年のラジオ聴取加入者数は三十九万人だが、六年後の昭和八年には百七十万人にまで増加している。昭和八年には「詩と音楽の結合」を軸に詩の朗読が番組化され昭和十年まで放送されている。詩はラジオという不思議な機械を通して再び歌われるものとなった。新しい詩雑誌が二〜三出ただけで、ああだこうだ言い出す詩壇で、聴取率一％でも一万人を越える媒体が登場したのである。こうしたマスメディアの登場は、「国民大衆にとって」という言葉になにか実態的な意味を与えることになったかもしれない。

モダンとポストモダン

ボン書店の活動はファイナル・ラウンドへ入っていこうとしている。

昭和十一年五月、ボン書店は二冊の詩書を同時に刊行する。ほぼ半年間中断していた出版活動の再開であった。「詩の再建」を合言葉に佐藤一英と意気投合した鳥羽茂は何を送り出したのか。この二冊はボン書店の立つ場所を象徴するものでもあった。

まず一冊は佐藤一英の『大和し美し』という八頁ほどの小詩集、古事記の世界を描く長詩一編を収めている。

まだ無名であった棟方志功がこれに触発されて「大和し美し版画巻」を製作し、この年（昭和十一年）の春の第十一回国画会に出品したことはよく知られているが、志功が読んでいたのはボン書店の詩集ではなかった。この作品は昭和八年二月の『新詩論』（吉田一穂編）二号に発表され、九月には新詩論発行所からやはり小冊子で刊行されていた。ボン書店版はこれの再刻版となる。棟方志功に影響を与えたように、この作品は音楽界でも何人かがこれに曲をつけるなど、ちょっとした話題になっていた。佐藤一英と意気投合していた鳥羽はさっそく腕を奮い、ボン書店らしい詩集に仕立てあげた。耳付き和紙を表紙本文共紙とし、棟方志功の絵が表紙を飾った。本文は薄緑色の子持ち罫に囲まれ、便箋風に行を分ける罫が薄く細く刷られている。

さて、もう一冊は山中散生訳の『童貞女受胎』、これはブルトンとエリュアールの共著による実験的な作品集、一種のシュルレアリスム・テクストであった。『処女懐胎』という邦訳名の方が馴染みがあるかもしれない。ボン書店の刊行書の中ではいろいろな意味で知名度の高い書物である。その内容で、発禁本ということで、特製版が今姿を見せればズ抜けた古書価が付くだろうという噂として、何かと話題にのぼりやすいのである。そんな風聞も含めてこの書物は、優れたシュルレアリスム・テクストの発行者として鳥羽茂の名前を後世に伝えることになった。だが、ここで注目しておきたいのは、鳥羽は『童貞女受胎』と『大和し美し』を同じ重さをもって出版していることだ。

この二冊の同時刊行について考える前に、『童貞女受胎』についてもう少し詳しく触れておこう。この原本は一九三〇（昭和五）年にパリで刊行されている。その三年

『大和し美し』（佐藤一英）と『 童貞女受胎』（山中散生訳)。本文には同じ和紙を使用。

後に西脇順三郎は詩集『アムバルワリア』を刊行するが、装丁はこの原本をそっくり真似していた。デザインはいち早く東洋の島国にも登場したわけだ。

もちろん山中散生もこの原本に注目していた。『詩学』十一号に載った鳥羽宛ての私信によれば、山中散生は昭和七年にはこの翻訳原稿を鳥羽に渡しており、翌年には原著者から翻訳権を獲得、このときマン・レイ撮影によるブルトンとエリュアール二人の写真が送られてきたとある。直ちに印刷に入る予定であったが、それが滞ってしまったようだ。すべてが順調であったなら、西脇順三郎が早くも装丁を真似たなどと驚いているころに、この翻訳は出ていたのだ。

予定より三年ほど遅れて『童貞女受胎』は刊行された。ブルトンとエリュアールによる序文も、マン・レイ撮影の原著者近影もこの翻訳版のために寄せられたもので原本にはない。装丁もオリジナルなものであった。限定百部刊行のうち、A版三十部は本文を和紙、B版七十部はコットン紙が使われた。

当時名古屋にいた山中散生は鳥羽茂からこの完成品を送られて「こんな装丁」であることを初めて知った、先の私信にその感想がこんなふうに述べられている。

「鳥羽様。予想外に装丁が素晴らしいので訳者も少なからずたぢたぢたらざるを得ません。特にA版の方は読むのが怖いほどの重圧をもつて迫ります。（中略）しかしB版の方の爽快なる容貌もまたひどく僕の気に入つてゐます。函、表紙、見返し、本文の組方、奥付にいたるまで、貴君の周到なる配慮、優秀なる技術を痛く感じます。刊行者と訳者との完全なる融合の精神が、今貴君と僕との間に静かに流れてゐます。有難たう。僕は衷心貴君に感謝します」

国際的なシュルレアリスト山中散生を「たぢたぢ」させてしまったのだから鳥羽も嬉しかったにちがいない。

確かにとても凝った作りである。だが、注目すべきはこのA版に使われた本文紙が薄緑色の子持ち罫に囲まれた便箋風の和紙で、これは同日刊行された佐藤一英の『大和し美し』に使われた紙と全く同じであった。同じ材料で全く違ったイメージの書物を作り出す、この手腕の方が本当は「たぢたぢ」ものかもしれない。

さて、『童貞女受胎』は「恋愛」と題された一編が検閲に引っ掛かり、即日発売禁止となってしまった。結局この部分（八頁）を削除し発売が許可されることとなったのだが、世にこの無削除版が残っているという噂がある。

「噂」では現存一部とか二部は確認されたとか言われているが真偽は定かではない。

だが『童貞女受胎』A版無削除版の復刻本が出版されており、その奥付は「A版三十部の内第二冊」となっている。この二番本がオリジナル本として現存していたことがわかる。「山中散生ノート」(『TRAP』十一、十二号、佐々木桔梗)によれば、この二番本は山中散生の旧蔵書とある。つまり山中が先の私信の中で「たぢたぢ」したのはこの二番本だったことになる。では、一番本はどうしたのか。その行方はわからない。鳥羽自身が所蔵していたのだろうか。それとも、海を渡ってブルトンかエリュアールのもとに届けられたのだろうか。

ところで、『童貞女受胎』と『大和し美し』の二冊を同時に刊行したボン書店の立つ場所は少々興味深い。佐藤一英との「意気投合」で新韻律詩への傾斜を深めていった鳥羽は、風向きが悪くなっている「超現実主義」文献の出版を止めてしまったわけではない。先に紹介した山中散生の私信はこんな記載がある。

「むしろ今日、ジャナリズムの埒外にあつて極めて冷淡に(これを)出版する方がわれわれの本領であつたのかもしれません。(中略)今日尚、シュルレアリスムを支持すべき位置を誇り、これを紹介すべき義務に迫られてゐます。僕は一千の怪しげな読者を得ることよりも、十人の普遍的な協力者を得ることによつて先づ満足します」

鳥羽茂も同様の感慨を持っていた。彼は『童貞女受胎』の広告文にこんなことを付け加えている。

「本書を読まずして、もし日本に於ける超現実主義が既に流行を逸して見向きもされぬものと云はれるとしたら、それは教科書を持たずして卒業したと称する天才型小学生の類であらうか」

新韻律と超現実主義、このおよそかけ離れたものに鳥羽はなぜ同じ力量を込めて取り組んでいるのだろうか。この二つを同じ視野で扱えるところに彼の「詩の再建」の問題があった。

鳥羽が「詩の観念の推移とその方法の吟味」と題する文章を『詩学』の巻頭に掲げたのは昭和十一年八月であった。これは、「僕（鳥羽）のことを新韻律主義盲信者と見なす一部の人々」への反論として書かれている。

ここで鳥羽はこんなことを言っている。

「時代の方が先に進んでしまっているのだから、何か変わったことをすればモダニストだとか、デタラメな作品を意味ありげに発表すればレスプリ・ヌウボオだとか、そんなものはもう相手にされない。詩は言葉の芸術なのだから、日本語の機能の研究を詩の問題として考えることが必要だ」

こんな内容であった。

確かに去年までは「一冊も売れない雑誌を作る」と息巻いていた最尖端のボン書店がこんなことを言い出すのは意外かもしれない。鳥羽はすっかり新韻律主義盲信者に成り下がったと陰口をたたかれても不思議ではない。だが、一年前『マダム・ブランシュ』終刊後の『詩学』をさらに尖端に押し上げようとした鳥羽はそこで停滞感に行き当たっていた。そして、新しい詩の再建という問題意識は、ポスト新散文詩、ポスト・モダニズムは何かという形で現われることになった。彼はそれに愚直に向き合っていた。

第六章　消えてゆく足跡

社運を賭けて

「新しい詩の再建」という威勢のよさとは裏腹に『詩学』は十二号（昭和十一年八月）限りで終刊になった。これを最後に自然消滅したと言った方が正しい。ボン書店になにが起きていたのだろうか。最終号となった十二号には、「ボン書店通信」という近況報告が載っている。これによるとボン書店は『プーシュキン全集』を刊行することになり、そのために「この二か月間、編集部、印刷部は文字どおり不眠不休の活動を続けた。小舎創立以来の壮挙に諸氏の絶大なご声援を懇願する次第です」と書かれていた。

もちろん広告も大々的で「没後百年を記念して今初めて東洋で『プーシュキン全集』が出版される」と、まるで社運を賭けた一大事業という雰囲気が溢れている。ちょっと不思議なのはこれだけ仰々しく宣伝しているのに、この全集が全部で何巻になるのかが記されていない。「一巻出来、以下続刊」だけであった。

「東洋初の壮挙」と宣伝された『プーシュキン全集』（菊池仁康訳）、この直後に改造社から東洋で二番目の全集が刊行される。『日光浴室』（桜間中庸）、『豹』（梶浦正之）。

佐藤一英門下の若手詩人だった保永貞夫に、この広告文を見てもらった。はたして当時ボン書店は全集刊行に社運を賭けたのであろうか、はたまたこの印刷部、編集部とは何なのか。保永は失笑まじりに話してくれた。

「当時の鳥羽さんに全集を出す財力なんてなかったですよ。しもた屋の狭い土間に印刷機を置いてなんとかやっていたんですからね。社員なんていません、一人ですよ。この訳者の菊池という人は確か東北の方の裕福な家の人でね、佐藤一英さんの知り合いでした。一英さんの紹介で話がボン書店に来たんです。金はこの人が全部出しているはずです。ただ、ひとつ条件があったんですよ、それは『プーシュキン全集』をそれまでのボン書店の本のようにではなく、普通の本として出してほしいというね。ボン書店は凝った本を少部数出していたでしょ、そうじゃなくて普通の本で多めに作ってほしいということですね。だから、わりと派手な広告をしたんじゃないですか。でも、この全集は二巻で終わりました。あれは鳥羽さんの病気が原因だったんじゃないかな。」

こういう話を聞いてしまうと、「印刷部の工員たちとも読みあっているが興味は尽きない」という近況報告にもなにか悲しいものがある。

確かに『プーシュキン全集』はボン書店としてはおとなしい装丁になっていた。四六判丸背上製本函入り、書誌的な記載がこれだけで済むというのは、やはり「普通の本」ということだろうか。

翌年の昭和十二年がプーシュキン没後百年にあたっていた。ということに他の出版社が気が付かなければよかったのだが、同じころ、天下の改造社が『プウシキン全集』を刊行してしまう。ボン書店が第一巻を刊行したのは九月、その翌月に改造社は第一回配本分を刊行。さすが大出版社、というほどのことでもないが、最初から全五巻と予告し、毎月一巻ずつ配本、翌年の二月には完結させてしまう。ボン書店が第二巻を刊行したのはようやく一月、もう改造社版が完結しようかというころであった。

ライナーノート・一九三六

話を『詩学』終刊後、すなわち昭和十一年の夏に戻そう。

五月に『童貞女受胎』『大和し美し』の二冊を同時に刊行したボン書店は、東洋初の『プーシュキン全集』刊行をにらみつつ、比較的コンスタントに詩書の出版を続けている。

六月にも二冊を同時に刊行している。ひとつは梶浦正之の詩集『豹』、この詩人はあまり知られてないかもしれない。梶浦は佐藤一英と同じ愛知県の出身、大正中頃に『現代詩歌』や『炬火』という川路柳虹門下の雑誌に加わっていた。この詩集は「新現実派詩集」となっており、カバーには「現代文学の方向と詩のエスプリ・ヌウボオを指示する新集！」「理知主義と野獣派との相克に生誕せる新集！」と謳われるネオリアリズム詩集であった。

もう一冊は坂下十九時の詩集『偽経』、この詩人は全然知られてないかもしれない。

『詩学』が佐藤一英との共同編集になってからその同人になっている。特に特徴もない抒情詩で本の造りもごく普通のものであった。この詩人のことは、一九三八年版『新短歌』（昭和十三年、第一書房）という口語自由律短歌の年刊合同歌集に載っている。巻末の「作家略歴」によれば「明治四十五年、青森県八戸市生まれ。職業は農業。『椎の木』『詩学』同人を経て『磁場』同人」とある。この『磁場』は新短歌の結社らしい。現住所も八戸市となっていた。佐藤一英と共に新韻律から聯詩運動に参加する津軽方言詩集『ねぶた』の著書一戸玲太郎が青森にいたことは、多少関係があるかもしれない。

この時期のボン書店は無名詩人が続く。

三月に富田衛の民謡集『おせんころがし』が刊行された。早稲田大学童謡研究会の学生詩人であった。七月にボン書店は桜間中庸遺稿集『日光浴室』を刊行するが、桜間も同じ童謡研究会の学生詩人であり、この遺稿集の編者が富田衛であった。この後記によれば、桜間中庸は岡山県出身、早稲田の卒業を待たず昭和九年に夭折。『日光浴室』は桜間の遺した童謡、童話集となっている。早稲田大学童謡研究会発行の『早稲田童謡』七号（昭和九年）は「桜間中庸追悼号」となっており、富田衛は共にこの雑誌を創刊した友人の死を悼んでいる。

桜間中庸は昭和四年に岡山の閑谷中学校を卒業、鳥羽と同じ時期に岡山で中学生活を送っているが、交遊を窺わせるものは何もない。だが、鳥羽も中学初年では童謡詩を書き、まだ福井にいたころの永井善太郎との交渉を持っており、その後も児童雑誌『銀の泉』（山梨県教育会北都留郡第二支会編、昭和七年）へ童謡の寄稿をするなど決してこのジャンルとは無縁ではなかった。

さて、九月に待望の『プーシュキン全集』第一巻を刊行したボン書店は、十月に二冊を同時に刊行した。ひとつは武野藤介のコント集『黴の生えた貞操』。限定五百部が刊行されたが、発禁本として記録されている。

もう一冊は『レシャンジュ・シュルレアリスト』、邦題では『超現実主義の交流』と訳されている。山中散生編で、ブルトン、エリュアール、ペレ、ツァラなどの作品をはじめエルンスト、マン・レイ、ベルメール、ダリなどの挿絵、写真が収録された。これは画期的な文献であった。というのは、ここに収録されたフランスのシュルレアリストの作品は一編を除いてすべてがこのための書き下ろしだった。挿絵も含めてである。そしてその翻訳を山中の他に瀧口修造、冨士原清一など日本の代表的なシュルレアリストが分担している。まさに『超現実主義の交流』の名にふさわしい出版で

パリの芸術誌『カイエ・ダール』に広告を載せた『超現実主義の交流』(山中散生編)。

あった。

山中散生の回想によれば、この企画は一九三五年に山中、ブルトン、エリュアールの三者によって決められ、「丁度、パリのシュルレアリスム運動が国外への思想浸透を企てていた年で、このような運動方針に期せずして順応」（山中散生）するように刊行されている。

鳥羽はこれを「国際本」と呼び、「既にこの国で流行は去ったといわれている超現実主義だが何らかの意味で影響を受けた詩人作家は必読である」と広告している。『童貞女受胎』と同様にこの『超現実主義の交流』はボン書店を代表する書物と言われている。卓越したシュルレアリスト山中散生の著作をボン書店が刊行したのは、いずれも超現実主義はすでに流行遅れだと言われた時期にあたっている。この背景を考えると、これらの著作がボン書店の代表的な刊行書と言われていることになにか皮肉な感を否めない。「流行」ということからいえば佐藤一英の『大和し美し』の方がそれに適っていたはずだが、今の私たちには尖端と復古の構図のようにそれは映る。だが、鳥羽にとってはどちらも尖端であった。ポスト・モダニズムとしての新韻律を日本の音響や言語から提出しようとしているように、海外からの移入である超現実主義を海外でも耐えられる水準で差し出そうとしている。つまり、ここではどちらにしろ世界に差し出せる詩学の追究であり、「復古」でも「流行遅れ」でもなかったのだ。「山中散生ノート」によれば、一九六八年ベルンで開催されたトリスタン・ツァラの旧蔵書オークションに、この『超現実主義の交流』が出品されていたとある。このことは象徴的な出来事と考えてもいいはずだ。(1)

捨てきれないもの

だが『超現実主義の交流』を刊行した鳥羽の身辺はいよいよ厳しいことになっていた。佐藤一英門下の若手詩人だった保永貞夫の証言によれば、鳥羽は『超現実主義の交流』を刊行した後、つまり昭和十一年秋から冬にかけてボン書店の廃業を考えていた。ひとつには貧乏であり、もうひとつには病弱がその原因らしい。これだけ揃えば普通は充分だ。

保永は雑司ヶ谷のボン書店で、印刷機や在庫、さらに机や椅子まで誰か買い手はいないだろうかと相談を持ちかけられている。まだ十代だった保永にそれを引き継ぐ資力などとうていなかった。「これでボン書店も終わるのか」、そんな感慨を胸に鳥羽と別れたことを保永は今でも記憶している。

ところで、八月に出た『詩学』十二号（終刊号）の後記には追いつめられたような感想が吐露されていた。

「詩も書きたい、雑誌も続けて出したい、寄稿誌も読みたい、新聞も見たい、新刊にも目を通したい、接客もしたい、依頼される原稿も書きたい、人も訪ねたい、会にも出たい、展墓もしたい、肉親にも会いたい、そして少し贅沢を言はせてもらへば、一週間ばかり眠りたい、どれも充分果たせない」

これが読者にあてた最後の通信になった。確かに春から夏にかけてボン書店は比較的コンスタントな出版活動を続けていた。夫婦二人のボン書店にとって多忙な日々であったかもしれない。とは言っても、この出版だけで食べられたわけではない。『詩学』には何度か「虹霓社」の印刷料金表が掲載されていた。印刷屋としての営業広告である。この印刷業と出版業とがうまく回転していれば、さほどの貧困は避けられそうなものだが、そうもいかなかった。ここに来ても鳥羽はやはり自分の出したい本のために稼いだ金を吐き出していたようだ。

確かに、このころの詩書は自費出版が通例であった。『詩学』の終刊号にはボン書店の在庫一覧が載っているが、これを見ても「品切」等というものは極めて少ない。二百部、三百部の詩集を売り切るのも楽ではなかったようだ。当初、著者と鳥羽茂との共同出版を実現できていた余裕はまだ残っていたのだろうか。台所事情の切迫は、身銭を切っての出版を相当厳しいものにしていたはずだ。

もちろん、このころ刊行していた書物の中には明らかに著者の自費出版と判断できるものもある。だが、相も変わらず鳥羽が入れ込んで本造りをしていると思えるものも少なくない。たとえば、『童貞女受胎』もそうだ。これはとても凝った作りであったが、山中散生はボン書店から送られてきた現物を見て初めて「こんな本になっている」ことを知った。考えてみれば妙な反応である。山中が「金ならいくらでも出すよ」と事前に言っていたのだろうか。ならば他に、わけもなく凝った豪華な書物があってもいいはずだ。ボン書店の中で造本として注目すべき書物は必ずふさわしい内容を持っている。つまり鳥羽茂自身が出したくて出した、という要素をである。おそらくこれは偶然ではない。ここでもまだ鳥羽は著者との共同出版を捨てていない。多忙な中で得た金銭を鳥羽はそこで吐き出していた。アマチュアとしての出版を彼は続けていたのだ。

だが、そのボン書店も鳥羽茂はもうおしまいだと言い出している。

最後の訪問者

昭和十一年の初冬であろうか、正確な日時は特定できない。ボン書店は雑司ヶ谷五丁目を引き払う。だが、廃業ではなかった。同じ豊島区の長崎東町へ移転したのだった。正確な住所は豊島区長崎東町二丁目六九六番地。西武池袋線の椎名町駅から北へ二十分ほど歩いた場所になる。多少は池袋から離れてしまったが、大枠で言えばここも池袋一帯ではあった。この長崎東町への移転、その後の生活について触れる前に、ここでのボン書店刊行書を追ってみよう。

昭和十一年の大晦日を発行日として吉田一穂の詩集『稗子傳』が刊行された。移転後、最初の出版であった。和紙を基調にした高雅な造本で、ボン書店の内情とは裏腹に素晴らしい詩集となっている。後記で著者は「之は書主鳥羽茂君の友人版ともいふべきもので、その印墨装本の技、楚にして洒、彼ならではと欣び稿を託して、年来の知己に会ゆる所以である」と記した。

年が替わり、昭和十二年。二月に『茶毗の唄』という詩集が刊行された。宮崎懋・柴田忠夫の合著詩集である。二人は当時早稲田高等学院の学生詩人であった。宮崎懋は後に盲目のハンディキャップを負いながらも『幻の邪馬台国』を著わし広く知られる。柴田忠夫は現在も土橋重治主宰の詩誌『風』の同人として詩作を続けている。ボン書店から詩書を刊行した著者の中で唯一の存命者、ということになる。

柴田は詩集『茶毗の唄』刊行の経緯をこんなふうに話してくれた。

柴田と宮崎の二人は早稲田の同級生で『早稲田派』という同人雑誌に詩を書いていた。二人で合著の詩集を出そうということになり、ならボン書店に頼もうとなったらしい。

「別に鳥羽さんと付き合いがあったわけじゃないんですよ。でも詩集の出版社としてボン書店の名前は知ってましたからね。あそこにしようじゃないかってなったんです。まだ子供でしたからね。とにかく乗り込んで行ってお願いしてみたら快く引き受けてくれたんですよ。別に紹介というのはなかったと思います。もちろん費用はこっち持ちの自費出版でした」

柴田は昭和十年に香川県高松の中学校を卒業、詩に興味を持ったのは上京後で、ボン書店の詩集は主に古本屋で探していた。世代は代わっている。

コント集『黴の生えた貞操』（武野藤介）。『稗子傳』（吉田一穂）と『茶毗の唄』（宮崎懋・柴田忠夫）は池袋モンパルナスの一角に移転してからの出版。

「長崎（豊島区長崎東町）のボン書店に行ったことは覚えています。書店といっても鳥羽さんの自宅でしょうね。古くて汚い家でした。しもた屋風の二階屋だったように思うんですが、玄関というのではなくて硝子戸の引き戸になっていました。そこにボン書店と書かれていたように記憶しています。入ってすぐ板の間の部屋がありましてね、そこで鳥羽さんと話しました。紙が乱雑に積み上げてあったのが印象に残っているんです。裁断していない全判の大きな紙でした。印刷屋ですよね。出版社に紙があんなにあるのは変ですから。私たちの詩集も印刷は虹霓社となっていますけど、あれは鳥羽さんのことですよ。

鳥羽さんはもう中年のような印象があったんですけど、あなた（筆者）の資料だとまだ三十歳くらいだったんですね。髪が長くて、いかにもリベラリストという感じの温厚なインテリ風の風貌をしてました。私が鳥羽さんの印象を覚えていたのは、ちょっと理由がありましてね、ＶＡＮという服飾会社がありましたが、あの社長の石津謙介さんに似ていたんですよ。あの方を見たときにね、ああ鳥羽茂に似てるなって思い出したことがあるんですね」

柴田忠夫の話を聞きながら、私はちょっと驚いていた。鳥羽に「よく似ていた」というＶＡＮの石津謙介のことである。

実は、以前からこの人物の名前は漠然と去来していた。というのは、鳥羽の岡山時代を調査しているなかで、石津謙介の名前に出会っていたからだ。岡山第一中学校の卒業名簿に昭和四年卒業として氏の名前を見ていたのだ。それは鳥羽が出た前年であった。

この二人が一九二〇年後半、レスプリ・ヌウボオの風に吹かれながら同じ中学校にいた偶然がとても興味深かった。石津がVANで見せた男性ファッションのモダニズムにはそんな風の中で過ごした彼の体験が関係していたのだろうか。

石津は卒業後上京し明治大学商業専門部に進み、昭和七年に中国大陸天津へ渡り洋装店を開く。丁度ボン書店開業と同じ年であった。帰国は戦後なので東京での交遊はなかったはずだ。

私は、この二人は入れ替えても同じことをやったかもしれないと思っていた。もし、鳥羽が服飾の仕事に生涯を賭けていたら、あるいはVANを起こしたかもしれないと。もちろん、ぼんやり思い描いていた夢物語でしかない。

ファイナル・ラウンド

昭和十二年の二月、早稲田の学生の詩集を出したのを最後に、ボン書店の活動は消えていく。この年には一冊も本は出さない。

翌、昭和十三年七月、久しぶりにボン書店刊行の詩集が姿を見せた。高島高の詩集『北方の詩』である。高島は富山出身、昭和医学専門学校に通うために上京していた医学生で、北川冬彦が主宰する詩誌『麵麭』の同人であった。

これがボン書店の詩書出版の最後となる。だが、この詩集の巻末には近刊として佐藤一英詩集『我を咎めよ』が案内されており、まだ出版を続ける計画も意欲もあったことがわかる。

前年（昭和十二年）に話を戻そう。二月に『茶毗の唄』という詩集を刊行してから『北方の詩』までの一年四カ月の長い空白は何だったのだろうか。だが、この時期も鳥羽は出版活動の持続を考えていた。たとえば『プーシュキン全集』を見てみよう。

ボン書店最後の出版となった『北方の詩』（高島高）。『我を咎めよ』（佐藤一英）は十字堂書房から発行されたが印刷はボン書店印刷部となっていた。

二巻が昭和十二年の一月に刊行されている。改造社もこの全集を刊行したため、売上に大きな打撃を受けたであろうが、ボン書店はこの続刊を断念したわけではなかった。同じ一月、立教の学生だった澤渡恒や『VOU』の岩本修蔵らが創刊した『詩とコント』にボン書店は毎号広告を載せていた。ここでは「三巻以下続刊」と元気よく広告されている。だが、五号（五月）を最後に、ボン書店の広告は姿を消してしまう。

また、同年の『詩作』（川路柳虹編刊）四月号にも同人の原一郎の『現代詩の諸問題』がボン書店近刊として広告され、目次まで明らかにしていたが、これも以降姿を消し、九月に興文社という別の出版社から全く同一の内容で刊行される。

そして、もうひとつ足跡が残されている。

昭和十四年の九月に十字堂書房から佐藤一英の詩集『我を咎めよ』が刊行されている。実はこの印刷所が「ボン書店印刷部」となっていた。昭和十四年、ボン書店はまだ活動していたということだろうか。そうではなかった。保永貞夫の記憶によればこの詩集はボン書店によってすでに印刷されていたものだった。なるほど、と思う点がある。佐藤一英の後記の日付は「昭和十二年二月七日」となっている。つまり実際にこれが刊行された二年半も前の日付であった。おそらくボン書店は昭和十二年の四月か五月には『我を咎めよ』を刊行する予定で活字を組んでいたのだろう。それができなくなっている。丁度『詩とコント』からボン書店の広告が消えていくころ、長い空白が始まるころであった。

しかし佐藤一英はこれを他から出版することをしなかった。鳥羽に作ってもらいたい、鳥羽なりの造本感覚で作らせてやりたかったのだろう。だから印刷まで終わった詩集の刊行を延期していた。

では、なぜ昭和十四年の九月に他の出版社からこれを刊行したのか。理由はひとつしか考えられない。佐藤一英が鳥羽茂を待つ理由がなくなったからだ。ボン書店はもうなくなっていた、ということだ。

鳥羽の動きをもう一度まとめてみよう。昭和十一年の晩秋、鳥羽は貧困と病弱のなかで雑司ヶ谷五丁目のボン書店を廃業にしようと考えていた。だが、廃業はなかった。同じ豊島区内の長崎東町に移転。移転ほどないころに学生詩人・柴田忠夫がここを訪ねている。翌二月、柴田の詩集がボン書店から出た。五月、『詩とコント』にボン書店の最後の広告が載る。これ以降、鳥羽茂の足取りが見えなくなっている。

ボン書店が、鳥羽茂が消えていく長崎東町を私たちも訪ねてみることにしよう。

サヨナラも言わないで

「池袋風景」

池袋モンパルナスに夜が来た
学生、無頼漢、芸術家が
街に出てくる
彼女のために
神経をつかえ
あまり、太くもなく
細くもない
在り合せの神経を—

（『セルパン』八月号、昭和十四年）

当時、鳥羽と同じ長崎東町に住んでいた詩人の小熊秀雄の「池袋風景」はこの住人たちをこんなふうに歌った。

この長崎界隈は若い芸術家たちが多く移り住み、いわゆる「長崎アトリエ村」と呼ばれたことで知られている。昭和十年頃より西武池袋線（当時は武蔵野電車）椎名町駅の南側に貸アトリエが建ちはじめ、通称「桜ヶ丘パルテノン」と呼ばれた八十軒ほどのアトリエ集落を中心に、七〜八軒から二十軒くらいのアトリエ集落が次々と姿を見せはじめた。鳥羽茂が移り住んだ豊島区長崎東町二丁目六九六番地も、すぐ近くに通称「すずめが丘」「つつじが丘」と呼ばれたアトリエ集落があったようだ。『長崎アトリエ村資料』（豊島区立郷土資料館刊）には当時の住人たちの回想が載っている。そこから鳥羽が住んだ周辺の様子を探ってみると、この辺りには麦畑や竹藪が多く、全体としては湿地帯であり小川の周辺には葦が生えていたようだ。そんな中に家々が点在していた。

若い芸術家、画学生たちの他に、詩人たちも多く住んでいた。昭和十一〜十二年の詩人名簿によれば花岡謙二、松田解子、英美子、下田惟直、氷見七郎、林光則など二十数名の詩人がこの一帯に住んでおり、その数の多さに驚かされる。小熊秀雄の詩にもあるように、夜になれば池袋の街に飲みに出る。麦畑と竹藪を抜け、歩いていっても二十~三十分の距離である。池袋はそんな若い芸術家や詩人、映画人、文士、活動家らが集まり、どこか自由で解放感のある空間を作り上げていた。パリのモンパルナスをもじって「池袋モンパルナス」と呼ばれる時代である。

鳥羽茂が長崎東町に移転した理由は、いくつか考えられる。彼も池袋の住人であったから、長崎からやって来る「学生、無頼漢、芸術家」そして詩人たちとの交流もあったはずだ。彼が居た雑司ヶ谷五丁目に比べれば長崎は「田舎」であり家賃も安い。そして何よりも佐藤一英が長崎に住んでいた。

長崎東町の鳥羽の家から西へ五分ほど歩くと「東洋ばら園」にぶつかる。佐藤一英宅はこの側にあり、並びには後期『詩学』の論客であった宍戸儀一も住んでいた。

この時期の鳥羽と佐藤一英の交遊に関しては、和田博文(近代文学研究者)が『青騎士』研究の過程で行なった、佐藤一英夫人(佐藤たまを)への聞き取り調査(一九八九年)がとても具体的で貴重な内容を含んでいる。これを参考に、他の文献、資料を重ねて当時の鳥羽茂の様子を浮き上がらせてみよう。

佐藤夫人は鳥羽との交遊についてこんな回想を語っている。

「鳥羽さんはしょっちゅうみえました。静かな方で、おとなしくて、痩せて小柄な方でしたね。何を話していたのか、うちに来るとたいてい半日くらい主人と一緒に話をしたりしてました。奥さんとも親しくしていただきました。男のお子さんが一人あって、名前はちょっと思い出せないんですけどね、時々子供さんもお連れになるんです。まだ小さくて、二歳くらいだったですかね」

当時のボン書店の仕事について夫人はあまり記憶していない。というより、それを知る立場になかった。

「主人は（鳥羽さんに）いろいろ仕事をさせてやりたいなあ、って言ってましたね。東北の方の人で、何ておっしゃったか、確かロシヤ文学をやってらした方で、その人の本をボン書店から出すんだって話をしに行ったりしてました。印刷とか出版の話を時々持って行って世話をしていたようで、ボン書店を主人が一緒にやっているということではありませんでした」

ここで言う「東北の人のロシヤ文学の本」とは、昭和十一年九月に刊行された『プーシュキン全集』のことであろう。夫人の記憶はおおよそ、このころから昭和十四年にかけての幅を持っている。

佐藤一英が鳥羽茂を気遣っていた様子を伝える『プーシュキン全集』刊行のころ、鳥羽はボン書店の廃業を考えるほどに厳しい状況を迎えていた。おそらく長崎東町への移転にも、鳥羽にまだ出版をさせてやりたいという佐藤一英の気遣いが介在していたと考えていいだろう。

この頃佐藤一英は新韻律詩の現実的な形態として「聯詩」の提唱を準備していた。昭和十二年六月、『蠟人形』誌上に新しい定型を示した。すなわち、詩は四行からなり、一行は十二音で構成される。この約束で成り立つ新定型詩を「聯詩」と呼んだ。この末尾に「詳しくは近刊の『新韻律詩作法』（ボン書店版）で知られたし」と記載されたが、これは昭和十五年に昭森社から『新韻律詩論』として刊行されることとなる。

翌昭和十三年、佐藤一英はこの新定型詩運動のリーフレット（雑誌）『聯』を発行する。創刊号は五月に発行され、そして第二号（六月）に鳥羽茂が現われる。鳥羽はここに「聯の座」というエッセイを載せていた。「フランスの前衛画家たちの間で行なはれてゐるやうなコラアジュの方法が聯の場合も採用され得ると思ふ」と、いかにも鳥羽らしい視点が光っている一文だ。(2)

鳥羽は同人の一人として翌七月までほぼ毎号作品を載せることとなる。

ところで、出版活動も停止し、鳥羽茂は親子三人どうやって暮らしていたのだろうか。先の佐藤一英夫人の回想では、「鳥羽さんは印刷をやってらしたんです」と語っている。印刷業で生計を立てていたことは、最後に鳥羽を訪ねた学生詩人・柴田忠夫の証言とも合致している。だが、鳥羽の最後の仕事として確認できるのは、『聯』創刊の頃、久しぶりに刊行した高島高詩集『北方の詩』(昭和十三年七月)だけで、これ以降鳥羽の名前は書籍や雑誌の出版、印刷に現われることはない。佐藤一英のリーフレット『聯』にしても、この印刷は鳥羽ではなかった。なぜだろう。いくらかでも鳥羽の商売になるなら佐藤一英は仕事を回したはずだ。考えられる理由は二つしかない。ひとつは鳥羽のもとに印刷機械がもうなかった、つまり印刷屋を廃業していたこと。もうひとつは鳥羽自身が仕事をできる状態になかった、本人の健康上の問題とか、家族の問題とかになるのだろうか。

佐藤一英夫人は鳥羽茂が消えていく情景をこんなふうに記憶していた。

「いつの間にかね(あまり鳥羽さんがおみえにならないので)、どうしたんだろうねって言ってたんですよ。加減が悪かったみたいでしたね。奥さんの方も悪かったみたいで、奥さんも結核だったたんですかね。どっちが早く寝込まれたんでしたか、二人とも寝込まれて妹さんが来てらした時期もあったんですよ。で、子供がどうのって言ってたんですかね、そのうちに、何もおっしゃらずに黙って故郷に帰ってしまわれたんですよ。いつの間にかでしたね。それから鳥羽さんからお手紙が来まして、作男が一人いてそれがいろいろ世話をしてくれるって、そんなことが書いてあったんです。故郷で作男と二人で住んでいるみたいで、一体奥さんとお子さんはどうしたんだろうって話していたんですよ。わからずじまいでしたけどね。

鳥羽さんが亡くなったのを知ったのは、主人の出した葉書が死亡っていう付箋がついて戻ってきたんです。ああ鳥羽君も死んだんだなあって、絵葉書なんか入れるあれに差しましてね、しばらく供養してやろうって、それを床の間に置きまして、こう拝んだりしてたんです。鳥羽さんも亡くなったねって言ってたところ、ひとつ事件がありましてね、鳥羽さんが故郷で佐藤一英の名前を使って何かやったということらしいんですが、警察が来まして、ちょっと来てくれって主人が連れて行かれたんです。二晩か三晩目白の警察に泊められてきました。私には何があったんだかよくわからなかったんですけどね」

註

（1）「山中散生ノート」（雑誌『TRAP』十一、十二号掲載）によれば、このオークションには三百三十三点が出品され、うち日本書は『超現実主義の交流』、雑誌『みずゑ』三八一号（昭和十一年）、『みずゑ増刊・アルバム・シュルレアリスト』（昭和十二年）の三冊であった。

（2）コラージュとは様々な詩人の作品から一行を抜き出し、それを組み合わせて四行の聯詩を組み立てるという方法である。後に佐藤一英は『文園』（二巻四号、昭和十五年十月）にこの鳥羽の実験を取り上げ「死者と生者」の詩の共同性としている。

終章　一九三九年夏

銀の雨降る情景

鳥羽茂も妻も結核のために寝込んでしまった。そのうち鳥羽は東京生活に終止符を打ち、誰にも告げず故郷へ帰ってしまう。突然鳥羽は消えてしまった。

佐藤一英夫人の懐述によれば、鳥羽の死は佐藤一英のもとに知らされていない。鳥羽夫婦と佐藤夫婦との付き合いの幅から考えれば、鳥羽茂の死は彼の妻によって連絡されたはずである。それがなされなかったのは、すでに妻は病死していたということだろうか。

春山行夫は「二人とも病気になって田舎で死んでしまったといわれている。彼らの郷里がどこであったのか、いつ頃彼らが世を去ったのか、一切の事がわからない」(『詩人の手帖』)と記しているように、鳥羽の死を直接知ったわけではない。いや、誰もその連絡は受けてないのである。たまたま、佐藤一英だけが、「死亡」の付箋が貼られた葉書が戻ってきたことでこれを知った。つまり、鳥羽の死は誰にも知らされていなかった。知らせることのできる人間が誰もいないところで鳥羽は息を引き取ったと考えていい。

佐藤一英夫人の語る「ある事件」が何なのかも、鳥羽の故郷がどこなのかも、そこでどのような最期を遂げたのかも、実はわからない。まるで鳥羽は自身の足跡を消しながら最後の土地へ帰っていたようにみえる。

消し忘れたように残っている僅かな手掛かりから、鳥羽茂の最期、ボン書店の最期をもう少し推理できないだろうか。

東京を引き払い、妻も（あるいは子も）結核で失い、故郷で「作男と二人で暮らしていた」、そんな何とも寂莫とした像を思い描くことができる。そこで、おそらく唯一佐藤一英との手紙による交渉が続いていた。鳥羽はここからも『聯』に作品を寄せていたと思われる。前年、すなわち昭和十三年から発表している一連の聯詩を見ていくと昭和十四年の四月以降の作品には故郷で書かれたものと思わせるものがある。いくつかこの時期の作品を見てみよう。

「LE IMPOSTEUR」

白檀の森ほの明るく
唖の少女の頬こけし
尾崎の宿の四つさがり
白狐の春の館にて

★

祖母山に銀の雨降り
袖たたむ納戸の小闇
そくひ饐えぬ　首も白々
総領は牛で行きけり

（『日本評論』四月号）

「聯」

絶望の扉の絶望よ
永遠の樹の永遠よ
ゼニイらの火の忘却よ
エスプリよ　死よ　飯章魚よ

（『聯』七月号）

この七月号を最後に鳥羽茂の名前は『聯』から消えた。いや、正確に言えば、この後もう一度鳥羽の名前を見ることができる。

翌年（昭和十五年）十月発行の『聯』に同人の松本嘉之が「聯詩人小論・鳥羽茂」と題する追悼文を載せている。これは鳥羽茂に贈られた唯一の追悼文であった。松本は「彼はニヒリズムの極点に達して」消えていったと記し、特に最期の事情などには触れていないが、「鳥羽茂が逝って一年有余」が過ぎた、と記載している。

『聯』（昭和十四年）七月号の原稿を入れる段階で佐藤一英はまだ鳥羽の死を知らない。これに松本の追悼文を考え合わせると、鳥羽の死は昭和十四年の夏（七～八月）と推察できる。では、どこに帰ったのか。

幻影の内側へ

鳥羽は岡山一中出身であったが、ここでも彼は下宿暮らしで、実家、つまり故郷ではなかったようだ。岡山一中時代の調査についてはすでに述べたが、このなかで、鳥羽と小学校も同じだった、という証言があった。

それによると鳥羽は大正十三年にやはり岡山市内の内山下高等小学校に入学している。鳥羽茂は尋常小学校卒業後に岡山一中の受験に失敗し、この高等小学校に進んだようだ。中学浪人が予備校代わりに高等小学校に進むのはそう珍しいことではなかった。翌年（大正十四年）春、鳥羽茂は再度岡山一中を受験し合格、高等小学校を中退し中学に入学した。内山下高等小学校に入学する前、つまり尋常小学校が岡山市内なのか、郡部なのか、県外なのか、それはわからない。しかし、県外の人間がわざわざ岡山市内の高等小学校に入学することは考えにくい。

当時、岡山県内には県立中学校は二校しかなく、なかでも一中は大変な難関校であった。入学者の半数は市内在住者だったが、郡部から入学した生徒のために学内に寄宿舎も設けられていた。つまり親元を離れ寄宿舎や下宿暮らしをする生徒は少なかったのである。鳥羽の故郷を岡山の郡部と考えるのは妥当な線かもしれない。だが、岡山一中の校友会雑誌『鳥城』（昭和二年二月）に鳥羽は故郷への帰省を短歌にして載せている。ここでは岡山から遠く離れた土地の様子が歌われていた。

「帰省」（短歌五首）
白百合の一杯咲ける山路をしづしづ進む雨の日の馬車
薄暗き藪の中などくぐりつつ馬車は進みぬチャルメラをならせて
懐かしき村近づきぬ阿蘇の山うす紫の煙はきをり
見覚えのある山などと思ひつつ馬車の窓より懐かしむかな
灯り一つ点けぬ我等の乗る馬車はゆらゆらゆれるつり橋渡りぬ

短歌というのはとてもリアルタイムな文学だ。少年鳥羽が残した唯一の短歌は、スナップ写真のようにある情景を伝えている。これを作文に翻訳してみよう。

「私（たち）の乗った馬車は白百合が一杯に咲く雨の山道を進んでいる。チャルメラを鳴らしながら薄暗い藪の中をくぐり抜けると、阿蘇山の煙が流れてくる。懐かしい村はもう近くだ。窓からは見覚えのある山なども見えている。馬車は釣り橋を渡って行く」

九州阿蘇への「帰省」というのは何を意味するのだろう。鳥羽茂は九州に実家があったのか。あるいは岡山の郡部に住む両親が阿蘇の出身だったということか。下宿暮らしをする岡山一中の生徒の中には、兵庫、広島など県外からの入学者もいたが、九州からというのは考えにくい。だが、考えにくいところへ帰省しているのだ。

もうひとつ九州へ繋がる作品がある。先に紹介した聯詩「LE IMPOSTEUR」である。これは少年期の作品とは対照的に、鳥羽が死ぬ数カ月前、おそらく故郷の寂莫とした状況の中で作られたと思われるものだ。

「祖母山に銀の雨降り／袖たたむ納戸の小闇／そくひ饐えぬ　首も白々／総領は

牛で行きけり」

ここに出てくる「祖母山」も九州に実在する地名であった。「祖母山」は阿蘇よりやや大分寄りの熊本―大分―宮崎の県境にそびえる山の名前である。

少年期に帰省した阿蘇の近くの村、そこに晩年の鳥羽は帰っているのだろうか。この近辺を解説した「祖母岳」（大正十四年）という本にはこんな記載がある。

「肥後高森駅が開通して以来本州および北九州より来るものは多くは豊肥線に出で高森駅下車、阿蘇の外輪山より裾野に沿ふて風光優美な河内村をすぎ、五か所村より（祖母山の）表口にでる」

少年鳥羽が連作の短歌「帰省」で描写する馬車からの風景はこれに合致しないだろうか。

阿蘇の近くの村、そこから雨に煙る祖母山が眺められる。納戸のような薄暗い小屋に作男と住んでいたのだろうか。「そくひ」（飯で作った糊）も腐っている、という部分は、もう妻も子も死んでしまった寂しげな風景を思わせる。この晩年の詩に描写される「故郷」は、かつて少年鳥羽茂が胸躍らせて帰っていったころとはなにか様子が変わっているようだ。佐藤一英夫人の証言と照らし合わせても、ここには迎えてくれる人の気配が感じられない。場所としては故郷なのかもしれない。だがすでに近親の者は誰もそこにはいないようだ。

こう推理できる。鳥羽茂はもともと岡山県下で両親と共に暮らしていた。中学進学のころ、両親は何らかの理由で実家である阿蘇近辺の村に帰ることになった。だが、比較的勉強のできた茂には県立第一中学校へ進学できる力があったので、岡山に残した。入学後彼は寄宿舎—下宿生活を始める。卒業後、上京し慶応大学予科に進んだのは、両親にそこそこの経済力があったのだろう。だが、半年もしないうちに中退、洋服屋に勤めている。このあたりで、両親の上になにかが起きている。鳥羽茂はその後、坂本哲郎宅での書生生活から自力でボン書店を始めた。坂本哲郎夫婦による物心様々な協力は認められても、両親や近親からの援助は浮かび上がってこない。ボン書店の継続の中で鳥羽に訪れる貧窮は述べた通りだ。そんな中で何度目かの病魔は家族全員を襲い、鳥羽は東京生活を断念せざるを得なくなる。だが、断念しても本当は鳥羽には帰る場所などもうなかったのではないか。阿蘇近辺の村には両親はすでに亡く、迎えてくれる近親の者もいなかった。あるいは妻の実家で女房子供を亡くした鳥羽が、その後一人で阿蘇の村に向かったのだろうか。もちろん、推測でしかない。だが、ひとつ確かなのは、誰もいなくなった最後の場所でも、彼は詩に向き合っていたということである。

彼の墓碑は残っているのだろうか。

消えた消息

鳥羽の故郷（本籍地）を特定するには、いくつかの方法が考えられた。だが、彼はどこにも痕跡を残していない。岡山市にも東京豊島区にも戸籍は転籍されていなかった。つまり単身赴任者と同じようなものだ。独立した生計を立てていた豊島区に関しては関係機関の理解を得て丁寧な調査をしていただけたが、鳥羽茂の記録は現われなかった。

また、高等小学校と中学校はいずれも戦災のため学籍資料が焼失していた。上京後、半年ほどで中退した慶応義塾大学予科は、資料はすべて卒業生で保管されているとのことで中退者の資料は残っていないとのことだった。慶応は塾監局という部署が外来者の窓口となっていて、まずここで除籍原簿の有無についても尋ねることになるのだが、「ないものは、ない」そうだ。つまり、鳥羽の故郷は記録上どこにも残っていないことになる。

先の「九州説」から考えて、阿蘇近辺の三県、すなわち大分、熊本、宮崎に在住する鳥羽姓の人たちを電話帳で調べてみた。するとこの三県のうち、熊本、宮崎には鳥羽姓が少ないにもかかわらず、大分には集中していることがわかった。これら三県の人たちにはすべて問い合わせをしてみたが、残念ながら鳥羽茂に関しての心当たりはないとの回答であった。同様の調査は岡山県下在住の鳥羽姓の人たちにも試みたが回答は同様であった。

もうひとつ、手掛かりはある。佐藤一英夫人の証言の中で触れられた「ある事件」である。鳥羽が死んだ後、佐藤一英は目白警察に二〜三日取り調べのため留置された。それは鳥羽が故郷で起こした事件に関連するものらしい。だが、こちらからも糸口はつかめなかった。当時の『九州日報』には該当する記事はなく、また中央紙にも佐藤一英が連行された記事はなかった。当時、治安維持法違反容疑で検挙された豊島区在住者リストは『戦中戦後の区民生活』（一九八九年、豊島区立郷土資料館刊）で知ることができる。ここでは氏名はすべて記号化されているが、この原資料となった『米国国立図書館所蔵米軍押収（特高関係）資料』（早稲田大学図書館所蔵）と対照させても佐藤一英の名前は出てこない。この資料では容疑だけで不起訴釈放の者も掲載されているので、鳥羽の事件は少なくとも特高関係のものではなかった、と考えられる。と、なると調べようもない。

死ぬ直前に書いた聯詩、あの祖母山の詩は「LE IMPOSTEUR」と題されていた。邦訳すれば「ぺてん師」となる。こうは考えられないだろうか。「ある事件」とは鳥羽の没後に発覚したようだ。いや、鳥羽が死んだことで事件が成立したといった方がいいのかもしれない。どうしようもなく追いつめられ、かつて故郷であった山峡の村に行き着いた鳥羽は、そこに逗留するために佐藤一英の名を利用しなにかを演じなければならなかった。それが何なのかはわからない。

エピローグ

昭和二年に少年鳥羽茂が岡山詩人協会なる名前で登場して十二年が過ぎていた。『詩と詩論』が創刊され、モダニズムの時代と呼ばれるまっただ中で呼吸をした。そんな岡山の中学生が卒業の二年後には東京でボン書店の名乗りを上げる。そして時代の刻印をそのまま受けるかのように駆けて、彼は消えていった。

レスプリ・ヌウボオという一陣の風と共に現われて、共に去っていったかのように見える、という言い方はとても美しいかもしれない。ボン書店の航跡は確かにそんな美しさに似合うものであった。だが、残された書物たちの向こう側で鳥羽茂という無名な一生はどこか悲しげである。人の死に方は、彼がどんなふうに生きたかを象徴しているものだ。ありがちな言い回しだが、彼の短い生涯のなかにも、様々な出会いがあり別れがあった。彼の淡い足跡を追いながら、生前の鳥羽茂を知る人たちとも出会った。だが、彼らの記憶の中で鳥羽は印象的であっても、その交渉は希薄であった。

僅か三十年ほどの短い生涯なのに、きれぎれの場面で鳥羽を知る者はいても、時間という線で彼を知る者は皆無であった。

もちろん彼がなにか特別な孤独感を抱いて生きていたというのではない。同人雑誌全盛の時代に彼も生き、アルクイユのクラブをはじめ、周辺もまた賑やかであった。だが、鳥羽茂は仲間を作り、そのなかで生きていくということには、とても淡泊なように見える。淡泊という言い方が適当であるのかは、よくわからない。中学校時代から家族や近親の匂いさえ全く残さずにいたことを考え合わせると、あるいは彼の生きた時代の無意識から紡ぎ取った、これは個人としてのプライドだったのかもしれない。

もちろん半世紀の後に乏しい資料から追いかけたということは差し引かねばなるまい。それでも、一人の人間の痕跡とはこんなにも残されないものだろうか。

ボン書店の書物はレスプリ・ヌウボオの時代の尖端をたどる稜線のように今も語られている。送り出した三十五冊ほどの詩書は、短い生涯を駆けた一個人（アマチュア）としてのプライドなのかもしれない。今も光に照らされるこの書物たちに比して、彼の晩年、東京にも居場所を失くし、故郷にも居場所を失くして知られることなく死んでいった鳥羽茂の最期の姿は、そのプライドの「つけ」を支払う影の部分のように見える。そして、刺し違えるように、ボン書店という名前を、この国のモダニズム文学のなかに突き刺していったのだろうか。

昭和十四年、夏。新聞には支那事変二周年の活字が躍っている。戦死者を報ずる記事や排英運動の全国的な高まりが連日報じられていた。パーマネントの禁止やネオンの中止が報じられ、戦時色はますます色濃くなっていった。

かつて鳥羽茂が鉄道雑誌の編集者として書生同様に住み込んでいた坂本哲郎夫妻は、この夏も雑司ヶ谷の一角にいた。妻の茂子は病に伏していたが女性詩誌『ごろっちょ』は同人たちの手によって続刊されている。茂子の病中通信はしだいに回復に向かっている様子を伝えているが、創刊のころにこの雑誌を編集していた鳥羽が死んだという記載はどこにも見られない。坂本哲郎は相変わらず鉄道雑誌の発行を職としていた。今も雑司ヶ谷に住む三男憲史は前年に誕生しており、鳥羽が遊び相手になっていた二人の小学生、つまり長男と次男はもう大学予科と中学校に通っていた。三年後の昭和十七年、坂本茂子は病死、二十年八月には次男も広島で爆死した。学徒動員で召集された矢先の若い死であった。

鳥羽と慶応で同級生だった小林善雄は三省堂に就職している。鳥羽との交遊もすでに絶えていたが、仕事柄よく顔を出した昭森社ではボン書店の話題も出ていたという。小林はこの頃詩誌『新領土』に参加していたが、ここにはかつてのアルクイユのクラブの上田修、菊島恒二、城尚衛、酒井正平らが参加し、その中心に近藤東がいた。

北園克衛は『VOU』を発行している。丁度このころ、風流陣俳句文学叢書の一冊として『句経』を刊行したが、この発行人はかつて鳥羽と共に『ウルトラ・ニッポン』を発行した八十島稔であった。

岩本修蔵は『VOU』を離れた。迎合的で政策的な詩人たちの姿に愛想も尽き、六月、勤めていた淀橋区役所を辞めて、単身で満州に渡った。たった一人、トランクをひとつ下げての淋しい出発であった。(1) 旧アルクイユのクラブの丹野正は、渡満の別れに岩本を訪ねている。岩本が帰国するのは八年の後であった。

満州にはすでに福富菁児が渡っていた。昭和初頭に鳥羽が自身の詩集を上梓しようとしたとき、その序文を乞うた詩人である。満鉄社員会叢書の編者として福富八郎の名を見るが、渡満後の福富菁児である。彼の帰国は確認されていない。春山行夫も秋の満州旅行を控え『セルパン』の編集に忙しい日々を送っている。

岡山で『木曜』を発行していた横田久次は詩作の筆を折り、洋書ばかりを読み耽っている。山本遺太郎も詩作から離れ映画に夢中になっていた。横田はこの五年後に病死、終戦後に遺族は横田の蔵書を古書店に処分した。どこをどう巡ったのだろう、五年ほど前、私は乾直恵の詩集『花卉』（昭和十年）を手に入れた。この詩集には「横田久次様　乾直恵」という献呈署名が入っていた。横田の旧蔵本だ。詩集『花卉』は当初ボン書店から刊行される予定で何度も広告されていたが、突然「無期延期」となり、椎の木社が発行したのだった。

一九三九（昭和十四）年、いつものように暑い夏が訪れていた。姿を消した鳥羽茂が息をひきとり、ボン書店はそっと幕を閉じた。

翌年（昭和十五年）六月、佐藤一英は昭森社から『新韻律詩論』を刊行している。『新韻律作詩法』としてボン書店が刊行を予定していた、その本である。この序文に著者はこう記した。

「なお本書出版にあたり昭森社主森谷均氏の御好意と聯詩人にして旧ボン書店主であった故鳥羽茂君の厚い友情に感謝するものである」

「鳥羽は死んだらしい」、一陣の風がこんな噂を運んでいった。

註

（1）「大陸覚書」岩本修蔵草稿（未刊）。

文庫版のための少し長いあとがき

『ボン書店の幻』が刊行されたのは一九九二年の秋だから、もう十六年が過ぎている。今でも私は古い詩雑誌を手にすると、鳥羽茂の名前や、ボン書店の広告を探してしまう。そんな癖は治らない。

長い時間が過ぎて分かったことは二つある。

一つは（自分で言うのもどうかと思うが）、この本に書いたことはそう間違ってはなかったということだ。

昔の本の奥付にたった一行名前を留めただけの出版人の足跡は、どこまでたどれたのだろうと思っていた。本が出てからも、新しい資料が見つかったり、それまで知らなかった話を聞くこともあった。書き加えることや訂正すべきことはもちろんある。しかし、大きく書き直すようなことはなかった。ほとんど間違っていない。そのことが、私には少し不思議だった。

文庫化にあたって、追記や訂正は巻末の年譜と書誌に反映させた。本文にはほとんど手を入れていない。

そして、もう一つ分かったことは、不意に消えてしまった鳥羽茂のその後だ。十六年前に書き終えた物語には続きがあった。

ここでは、そのことを書いておこうと思う。

二〇〇三年の春だった。

「私の母は、鳥羽茂の妹です」

女性の声でそんな電話がかかってきた。いくら調べても親族の影を見ることはなかったから、私は言葉をなくした。

「茂のことをお調べになった本が出ていたことに驚きました」

彼女はとても落ちついた口調でそう言った。親族の一人がインターネットで私の本を知ったそうだ。

彼女の母、つまり鳥羽茂の妹が今も健在であることを知らされた。驚く私に彼女はこう続けた。

「鳥羽茂の息子も生きているんです」

親族の影は見えなかったと書いたが、この二人の影を、そういえば私は一瞬だけ見ていた。

ボン書店が、豊島区の東長崎、いわゆる池袋モンパルナスの一角に移転した頃、その近所に住んでいた詩人佐藤一英の夫人（たまを）が二人のことを覚えていた。それはこんな回想だった。

「男のお子さんが一人あって、名前はちょっと思い出せないんですけどね、時々子供さんもお連れになるんです。まだ、小さくて、二歳ぐらいだったですかね」

「(鳥羽茂夫妻は結核で）二人とも寝込まれて妹さんが来てらした時期もあったんですよ。で、子供がどうのって言ってたんですがね、そのうちに、何もおっしゃらずに黙って故郷に帰ってしまわれたんですよ」

もう一つ、これは『ボン書店の幻』が出た後に見つけたものだが、詩人武田豊の「鳥羽さんのこと」（『詩学』昭和三十二年十月号）というエッセイにこんな一節があった。

「戦後二十六年頃に佐藤（一英）氏に鳥羽さんのことを尋ねると鳥羽さんは戦時中に九州で病死し大変不幸だったそうだ。耀ちゃんと云う男の子がたしかあった筈だが今はどうしているだろうか」

「妹」と「男の子」の影は、それ以上は見えなかった。

鳥羽茂夫妻は結核で逝った。小さな「男の子」も同じ頃に亡くなったのだろうと私は思っていた。そして、遠い回想の中をまるで横切るように現れ消えていった「妹」の消息、これはつかみようもないものだった。

しかし、この二人は生きていた。

この電話の半年ほど前（二〇〇二年の九月）、私は鳥羽茂と慶応の予科で同級生だった小林善雄を久しぶりに訪ねた。『彷書月刊』というリトルマガジンが北園克衛生誕百年の特集号を企画して、私が小林にインタビューをすることになったのだ。

「ゾノさんが百歳か、へぇーっ」と驚いた小林は「でも私がもう九十越えたんだからね」、そう言って笑った。

相変わらず飄々とした小林が、雑談の途中で「鳥羽君の奥さんは亡くなったんだろうね」、不意につぶやいた。「同じ頃だったんでしょうね」、私は特にどうということなく返した。あのとき小林の心の中を何が通り過ぎたのだろう。

掲載誌が出来たのは十一月で、それから一カ月もしない内に小林の訃報が知らされた。

ボン書店を調べていた頃、私は当時を知る人たちを訪ね歩いた。その人たちもみなこの十年で亡くなってしまい、小林は最後の一人だった。

これで、あの小さな出版社のことを覚えている人はいなくなった。

そんな冬が終わろうという頃に、私は鳥羽茂の妹に会うことができた。

羽田野夏子。大正六年生まれだから、そのときで八十五歳を過ぎていた。

彼女には二人の兄と妹が一人いて、その長兄が鳥羽茂だった。「茂」は「しげる」ではなく「いかし」と読ませたという。次兄に芳文、妹の愛子。両親を含めて六人家族だった。この中で存命なのは夏子ひとりだ。

住まいは岡山だった。勤め人だった父が大正十二年に亡くなり家庭環境は一変した。母親と四人の子供の暮らしは厳しくなるばかりで、やがて一家は離散する。そんな中で、長兄の茂が護ってくれたという。

たとえば、学校へ払う金銭的な工面も兄がしてくれたと記憶しているが、では、なぜ中学生の兄にそんなことができたのか。「考えてみたら不思議ですね」、夏子は小さな声でそう言うだけだ。

中学生の鳥羽茂が、活字を組み印刷をしていたのは、趣味ではなく、実業だったのかもしれない。

「鬼子母神のすぐ裏の狭い家でした。玄関をガラッと開けると活字があるんです。二階に小さな出窓があって、そこに七輪を置いて魚を焼いていました」

兄の家、つまりボン書店の様子を夏子はこんなふうに記憶している。昭和八年頃の光景だ。目の前は鬼子母神の境内で、見上げれば境内の大きなケヤキが空を隠していた。

虹霓社という印刷屋をはじめたのは昭和九年だった。このとき「羽田野芳文」を名義としていて、私はそれを鳥羽茂のペンネームだと思っていた。芳文は茂の弟で、母方の実家（羽田野）に養子縁組をしたのでこの名字になっていた。だが、夏子によれば芳文が東京で印刷屋をしていたことはなく、茂がその名前を借りただけだった。

夏子は昭和十年頃に上京し、その後結婚した。

「兄夫婦が病気になって、私が面倒を見に行きました。東長崎にあった家は入ると左に応接間のような部屋があって、右が印刷をする作業所でした。兄は印刷屋をやっているのだと思ってました」

詩人佐藤一英夫人が「妹さんが来てらして」と回想していたのはこのときのものだ。

先に紹介した詩人の武田豊の「鳥羽さんのこと」という回想には、鳥羽茂夫婦に触れた一節がある。

「詩人の商法で鳥羽さんも金儲けが下手らしく会計もあまり楽そうではなかった。(中略)黒いコールテン服に同じコールテンズボンで、いつも鳥羽さんは暢気だった。つい話し込んで夕方ちかくなってしまうと、断髪の美しい奥さんがどんぶりものなどを作って引きとめて下さった。このご夫婦の深い好意は今も忘れない」

「断髪」は当時のモダンガールの間で流行した髪型だ。この回想は昭和十年のことで、翌十一年暮に豊島区東長崎に引っ越す。夏子が看病に訪ねるのは昭和十三年になってからだ。

「最初に奥さんが亡くなったんです。夏の暑い日でしたね。遠くの病院で亡くなって、私の夫がお骨を抱えて帰ってきました」

東長崎の家には病気の茂と小さな子供が遺された。しばらくして、茂は子供を連れて母方の実家があった九州に引き上げる。いや、実家というより、「実家だった場所」というほうが正しいかもしれない。

「兄が九州へ引き上げるとき、私と主人で品川駅に見送りに行きました。子供はまだ三つか四つでね、奥さんのお骨も一緒でした。汽車に乗るときに子供を抱き上げて、兄は涙をぽろぽろ流していました。私も泣きました」

こうして鳥羽は東京を去った。そして、彼の死が伝えられる。

「子供はどうなりましたか」、私はそう質問した。しばらくの間があって「芳文（次兄）が引き取りに行ったんです」と、やはり小さな声で答えた。

夏子の話はおおよそこういうものだった。

鳥羽茂の妻が亡くなったのは、昭和十三年の七月十八日だった。夏子の夫が火葬場からお骨を抱えて帰ってきたというのは、茂の病状がそれを許さなかったのだろう。

ところが、ボン書店の最後の刊行書となった詩集『北方の詩』（高島高）の奥付を見ると、その年、つまり昭和十三年の六月二〇日印刷、七月一日の発行となっている。妻が亡くなる半月ほど前の日付なのだ。

どこか他で刷って、ボン書店は名前を貸しただけなのだろうか。

しかし、『北方の詩』を実際に手にすると、紙の選択、余白の取り方、活字のレイアウト、なによりも扉頁に使われた緑色の凸版（昭和十一年の秋に出した『超現実主義の交流』の表紙に使われたものだ）、どこを見てもこれは鳥羽茂の仕事なのだ。どういうことなのか。

前年（昭和十二年）の二月以降、ボン書店は出版活動を休止していた。おそらく小口の印刷で生計を繋いでいたのだろうが、夫婦が病に伏してそれも出来なくなった、と、思っていた。

『北方の詩』の「あとがき」は昭和十三年二月となっている。その頃に原稿を預かり、四カ月ほどかけて彼は本を作ったのだ。妹の夏子が看病に来ていたのは、まさにその最中と見るべきだろう。どう考えても出版活動を再開できるような状態ではない。それでも、彼は相変わらず自分で活字を組み、隅々にまで目配りをして本を作っていた。いったい彼は何を考えていたのだろう。儚げな希望に賭けたのか。それとも、底のない絶望を呑み込んだのだろうか。

この本の末尾には既刊書一覧の広告を載せている。ボン書店の旗を、まるで残された渾身の力を込めて掲げているようだ。

鳥羽茂の息子に会うことに、私はためらいがあった。鳥羽茂夫婦と同じ頃に子供も亡くなったと思っていた。だが、四歳そこそこの小さな子供は一人遺されていた。生きることもまた辛酸なことであったに違いない。身を賭してまで書物を作り続けた、という文句は美しいかもしれないが、しかし近親から見ればどうだろう。置き去りにされた子どもにとってボン書店はどう受け止められていたのか。私は少し長い手紙を送った。

しばらくして、鳥羽茂の息子、鳥羽瑤と会えることになった。

詩人の武田豊が、「耀ちゃん」と記憶していた「あった筈」の男の子だ。昭和十年生まれだから、四歳だった子どもはもう古稀（七十）に近かった。

新橋に近い階上の喫茶室で、私は鳥羽茂の息子に会った。窓の外には薄曇りの街が遠くまで見わたせた。

「あなたのご本を読んで、親父に会えました」、瑤はそう言って長く頭を下げた。私は、どう応えたらいいのかわからなかった。

「茂の兄弟から、ボン書店という名前は聞いたことはありますが、どんなことをしていたのかは知りませんでした。兄弟も茂の仕事を詳しくは知らなかったんです」

弟の芳文は既に亡くなっている。一番下の愛子は戦後消息を絶った。夏子だけが健在で、親族の影は薄い。

息子の元に両親の遺品は何もなかった。これは妹夏子の場合も同じだ。だから、彼は自分の両親の顔さえ知らないできた。『ボン書店の幻』に載せた二枚の写真、それが初めて見る父親の顔だった。

「それでも、あの頃の記憶はあるんです」、瑤はそう言った。たとえばこんな光景だ。

「母が亡くなったときに私も病院に行ったようです。どこの病院かはわからないけど、病院の入り口に、当時は板の間なんですね、そこに看護婦さんが四〜五人いて、大変ねという感じで私にお菓子かなにかをくれようとするんです。だけど、私は一切受け取らなかった。その場面だけを覚えているんです」

鳥羽茂の妻は「昭和十三年七月十八日午前四時、江戸川区小岩町三丁目三千五十一番地」で死亡した。当時の地図からこの住所を探すと現在もここには病院がある。江戸川病院。設立当初（昭和七年）は東京市の委託結核療養病院だったとある。

三歳半の記憶が、それでも断片的に残っていることに私は驚いた。記憶は更にこんな光景に繋がる。

「父親と長距離の列車に乗っているんです。どこかで船に乗り換えた。船の白いペンキが少し剝がれていて、水の色は深いグリーンだった。そんなことを覚えているんです。でも、この記憶はそこで途切れています」

父茂と一緒に大分へ引き上げたときの情景だろう。品川駅には夏子が送りにきていた。当時の時刻表を見ると、朝十時半に東京を出る急行は翌朝の七時に下関に着く。そこからはまだ連絡船だ。


この親子が向かった大分県の緒方村は、大分から阿蘇を経て熊本へ向かう豊肥線にある。城下町で知られる竹田の隣で、今も山峡の小さな町だ。

「夕方散歩に行ったんでしょうね、田圃が低く広がっていました」

そんな穏やかな光景が今も残っている。

「小さな離れの家で、時代劇に出てくるような障子の引き戸なんです。あけると土間で、竈があったから台所なんでしょうね。水瓶があって、子どもだったからずいぶん大きな水瓶にみえました。六畳ほどの畳部屋が一つあるだけです。万年床で、父はたいてい寝ていました。喀血で飛び散ったんでしょうね。布団には乾いた血の跡があって、戸棚の上に花が活けてありました」

「縁側があったんです。ある日、そこに骨箱を持ち出して、これがママだよって言われたのを覚えています。骨箱のふたを開けて、ママこんなになったんだよって言うんですね」

四歳の頃の断片的な記憶に、父親の像はたしかに残っているのだ。

「苗木をこれは林檎の木になるんだよ、これは梨の木になるんだよって教えてくれて、父親と二人でそれを植えたことがあるんです。父親らしいことを子供にしてやりたかったんでしょうね」

穏やかな親子の情景に映るが、鳥羽茂は死ぬためにここに来ていたのだ。

「父が激しく喀血したのは昼でした。呼んでも、呼んでも返事をしないんです。背中をたたいても伏した姿勢のままでした。父の面倒を見てくれていた農家の人が七〜八分のところに住んでいたので、そこまで走った。随分経ってから日が暮れたような気がします。私はそこで三日ほど泣き続けていたらしくて、農家の人はずいぶん困ったらしい。そこから先は何も覚えていない。子供の頃の記憶そのものがそこで終わるんです」

瑤は、その後茂の弟芳文に引き取られた。転々とする内に戦争を迎え、十代半ばで一人で生きていくようになる。過酷な道行きだった。

「お父様のお墓はその村にあるのですか」、私は訊ねた。「さあ、どうなんでしょう」、瑤は戸惑いがちに「よくはわからないんです」と言った。

その場所を、あれから一度も訪ねていないのだった。

『ボン書店の幻』が出て二年ほどした頃、山下春彦という岡山の方から手紙をいただいた。山下は大正二年生まれで、『マダム・ブランシュ』やボン書店版『詩学』に詩を載せたことがある。

鳥羽茂から病気で帰郷することになり、その途中岡山で会えないかと連絡があった。しかし、山下はその日どうしても都合がつかなかった。鳥羽は九州に向かったはずだが、それがどこで、どのような最期だったのか、もう記憶にない。

山下の手紙はそんな内容だった。気になったのは、山下と鳥羽とは文通だけで、それまでに一度も会ったことがないというのだ。切羽詰まっていた鳥羽が、それまで一度も会ったこともない山下になぜ会いたいと連絡をしたのか。その事情を山下はもう記憶していなかった。

品川駅で妹夏子と別れ、岡山を影のように通り過ぎ、深いグリーンの海の見える港から船に乗り換え、鳥羽茂親子は大分の山峡の村にたどり着いた。

瑤が持つ戸籍によれば、鳥羽茂は、昭和十四年六月二十九日午後五時十分、大分県大野郡緒方村大字大化二四八三番地で死亡している。

ところが、この住所は現在の詳細な地図と照合しても地番を見つけられない。この辺りだろうと思われる場所は山の中なのだ。住所はもう地図から消えていた。

妹の夏子は以前この場所を訪ねていた。そのときの写真が数枚残っていて、そこには荒れたままの古い墓石、住職の姿、農家の庭先に立つ近所の婦人、まだ六十前後に見える凜とした夏子の姿等が写っている。だが、どこで撮影されたのかがわからない。夏子が覚えているのは緒方の駅から車で行ったということだけだ。

私は、古い住所と数枚のスナップ写真を手がかりに大分へ向かった。六月二十九日、その日は鳥羽の命日だった。

朝一番の飛行機で大分に着くと、緒方まではレンタカーで二時間ほどだった。役場で尋ねると、この地番はやはりなくなっていた。長く人が住まなくなった土地は、地番がはずされ原野の扱いとなるそうだ。それでも「このあたりではないか」と、大きな地図に鉛筆で印を付けてくれた。近くに吉祥寺という寺があった。

「初めての人が車で行ける場所ではない」、そう言って歴史民俗資料館の方が先導してくれた。地図を見ていたときには、険しい山道をどんどん入って行くのかと思っていたが、実際は低い山を左右にみながらうねうねとした道を奥へ進む。深い緑の中には水田も点在していてのどかな風景が続いた。

吉祥寺を訪ねた。夏子が持っていた住職の写真は、亡くなった先代とのことだった。古い墓石の写真は無縁となったもので、今ではもう半分ほどが土に埋もれていた。写真の墓石を特定することはできなかった。

もう一枚、「近所の農家の婦人」は、今も寺の近くで健在だった。写真ではまだ五十前後に見える婦人も、もう七十代の後半になっていた。

おそらく夏子も、以前この婦人を訪ねたのだろう。そして同じ質問をしたのかもしれない。

「昭和十四年頃、数カ月だけこの村で過ごした病弱な父親と小さな男の子のことを覚えていませんか」

汗ばむほどの陽気なのに、腰掛けている縁側には爽やかな風が吹いた。蝉の声が聞こえるだけの静かな午後だった。

「おさきのことか」、老婦人となった彼女はそうつぶやいた。

田圃に少し突き出した低い土地があって、地元では「おさき」と呼ばれていた。尾の先ということだろうか。そこに、馬屋に並ぶ小屋があって、かつて「お父さんと子供」が住んでいたらしい。

　鳥羽茂がこの村に戻ったとき、母方の実家は既に人手に渡っていた。その経緯はわからない。その土地を継いだ家も後にこの村を出てしまったという。親子がなぜ「おさき」の小屋に住むことになったのかもわからない。

「近くに井戸があって、小さな男の子がよくバケツを持って水汲みに来ていたよ」。老婦人は昭和四年生まれだから、彼女が十歳頃のことだ。

「子供はまだ四歳ぐらいではなかったですか」、私は尋ねた。「学校に行く前の小さい男の子だったね」。水を汲むのを彼女も手伝ったのだろうか。

「あの家はお父さんが病気でね、大人からは、おさきに行くんじゃないって言われたけど、私はよくその子の家に行ったよ」。「なぜですか」と、私は尋ねた。「遊びに行くとお父さんがドロップスをくれて、それが欲しくてね」、そう言うと小さく笑った。

　いつの間にかその父と子はいなくなったのだという。

　モノクロームのような記憶の中で、ドロップスという言葉が、私にはとても鮮やかに感じられた。

　戦後になっても「おさき」には廃小屋が残っていたらしい。

「馬屋ならまだ残っているよ。行ってみるかい」。老婦人はゆっくりと立ち上がった。

なだらかな坂道を十分ほど歩くと、片側は低い谷となり小さな田圃が見えた。その周りを樹々の緑が囲んでいる。あれは杉だったろうか、手前に大きな樹が一本見えて、井戸はその下にあったのだという。

田圃の方へ降りていく細い道は、両側の藪が背丈ほどにのびていた。この道を、四歳の子どもが泣きながら駆けて行ったのだろう。坂を降りると「おさき」という猫の額ほどの平地にでた。廃屋のような小さな馬屋だけが残っていた。

鳥羽茂が最後にたどり着いた場所だった。

狭い土地は樹々に囲まれている。枝や葉が空を隠しているが、南側は小さな田圃に開けているので日当たりはいい。風が樹を鳴らすと、それが重なり合うように大きな音になって、蟬の鳴き声も聞こえなくなった。

白檀の森ほの明るく
啞の少女の頬こけし
尾崎の宿の四つさがり

白狐の春の館にて

祖母山に銀の雨降り
袖たたむ納戸の小闇
そくひ饐えぬ　首も白々
総領は牛で行きけり

（『日本評論』昭和十四年四月号）

★

病床の鳥羽茂がここで書いた詩だ。本文（二百六頁）でも紹介したが、そのときには「尾崎の宿」の意味がわからなかった。「おさき」はこの場所のことだったのだ。祖母山は田圃の向こうに遠く見える。こんな短い詩の中に「祖母山を望める尾崎」という、つまり自分の居場所を織り込んでいたのだ。この作品が載った『日本評論』は『中央公論』や『改造』と同じ月刊総合誌で、詩の同人誌とは発行部数が桁違いだった。佐藤一英の助力があったのだろう。そんなメジャーな雑誌に鳥羽が一度だけ載ったのがこの作品だった。

遠くの誰かへ何かを伝えようとしたのだろうか。私も、その誰かだったのだろうか。この場所に、私は暗いイメージを抱いていた。「暗い」という言い方は適切でないかもしれないが、やりきれない想いはずっとあった。

たしかに無援な場所であったに違いない。しかし、ここに立って、風の音と木漏れ日に包まれていると、その想いは解けていくようだった。

田圃に降りて、少し離れたところからこの「おさき」を眺めてみた。テラスのような小さな土地は周囲の緑の中に深く沈んでいた。もう見分けはつかない。まるで、人の記憶もそこに一緒に沈んでいるようだった。

ここに帰った理由が、私にもわかるような気がした。


鳥羽茂は、上京した頃、雑司ヶ谷に住む詩人坂本哲郎の家で書生をしていたことがある。この坂本の、たしか従兄弟だったと思うが、坂本久の「広島の文学的風土」(『安芸文芸』所収)という回想に、二十歳の頃の鳥羽が姿をみせる。

「その頃、最尖端とは言えなくなったキートン帽に長髪、ボヘミアンのネクタイの美少年タイプ」、また別なところでは「黒ずくめのボヘミアンスタイル」と、いかにもモダンな鳥羽茂は、「ボン書店を超現実主義、芸術派詩運動を展開する拠点として成功させる」と語っている。そしてこう続く。「彼はボン書店を経営することが唯一の希望であった」

鳥羽茂の享年は二十八歳だった。その希望を彼は果たせたのだろうか。

ボン書店の詩集を初めて見たのは一九八〇年代の前半だった。私はまだ二十代の後半で、小さな古本屋をはじめたばかりだった。

簡素で美しい詩集の奥付に「刊行人・鳥羽茂」という名前を見つけて、彼は誰なのだろうと思った。著者の名前に比べ、彼は全くの無名だ。どこにも記録されることのなかった彼の名前は、しかし忘れられた物語の入り口のようだった。それを読み進みたくて、私は資料を蒐め、人を訪ね歩いた。

蒐めた破片を組み合わせていくと、彼の「希望」は少しずつ姿を現した。一九九二年、その記録が『ボン書店の幻』になった。あれから十六年が過ぎた。

戦前の文芸書出版で知られる第一書房・長谷川巳之吉を追った『美酒と革嚢』（長谷川郁夫）にこんな一節がある。

昭和初頭に現れた小出版社、たとえば江川書房の江川正之、野田書房の野田誠三、版画荘の平井博、そしてボン書店の鳥羽茂を加えて、「なぜかかれらの多くは行方不明、あるいは自殺、数年にして昭和出版(文学)史の闇に姿を消してしまった。ランボーやヴァレリーに心酔して「従来の意識の流れ」に抗した小さな反逆者たちだった」

あの時代にプライヴェートプレス(個人出版)を志した彼らは、そういえばそれぞれに姿を消した。

そっと姿を消した「小さな反逆者」の消息を探るのは、無粋なことかもしれない。それでも、「希望」を駆けぬけた鳥羽茂が、どんな帰り道をたどったのかを私は書いておきたかった。それが、この物語の残り半分だと思ったからだ。

「おさき」を引き上げようとしたとき、一本の樹が目に入った。枝葉の間に実がなっていて、近づくとそれは梨の実だった。

「このへんに梨の木はあるんですか」。私は尋ねた。

「梨の木なんてこれだけだよ」。樹を見上げながら老婦人は言った。

台風で何度か折れたのに枯れなかったそうだ。

息子と一緒に植えた梨の木にちがいなかった。親子が姿を消し、誰も住まなくなった小さな土地で、梨の苗木は静かに育っていたのだ。広がった枝はもう空を隠している。

これが墓碑なのだと私は思った。

資料

（ボン書店刊行書目・鳥羽茂年譜抄・アルクイユのクラブ会員移動一覧）

ボン書店刊行書目（付・未刊行書目）

一九三二（昭和七）年

一匙の雲　竹中郁
八月十五日印刷。八月二十日発行。
発行兼印刷者・鳥羽茂。九・五×十二センチ。二十二頁（ノンブルなし）。
限定部数記載なし。定価二十五銭。

若いコロニイ　北園克衛
八月十五日印刷。八月二十日発行。
発行兼印刷者・鳥羽茂。九・五×十二センチ。二十六頁（ノンブルなし）。
限定部数記載なし。定価二十五銭。

シルク&ミルク　春山行夫
九月二十五日印刷。九月三十日発行。

発行兼印刷者・鳥羽茂。九・五×十二センチ。二十八頁（ノンブルなし）。

限定二百部。定価二十五銭。

抒情詩娘　近藤東

十月二十五日印刷。十一月一日発行。

発行兼印刷者・鳥羽茂。九・五×十二センチ。二十四頁（ノンブルなし）。

限定二百部。本文コート紙使用。定価二十五銭。

右四冊は春山行夫編、北園克衛装丁で「生キタ詩人叢書」と広告され、各冊とも二百部限定とされていた。また同叢書の一冊として九月に瀧口修造著『TEXTES SURRÉALISTES』の刊行が予定され表紙まで刷り上がっていたが、未刊に終わっている。

一九三三（昭和八）年

亜細亜の鹹湖　安西冬衛

一月十一日印刷。一月十五日発行。

発行兼印刷者・鳥羽茂。一六×一二・五センチ。二十八頁（ノンブルなし）。

限定三百部。装丁・阿部金剛。定価二十五銭。

貝殻の墓　阪本越郎

六月二十一日印刷。六月二十五日発行。

刊行兼印刷者・鳥羽茂。十六・五×十二・五センチ。

四十七頁（ノンブルなし）。限定二百五十部。

全冊著者署名入。装丁・北園克衛。定価四十銭。

ペリカン嶋　渡辺修三

九月十二日印刷。九月十六日発行。

刊行兼印刷者・鳥羽茂。十六×十五・五センチ。三十七頁（ノンブルなし）。

限定百五十部。函入。定価五十銭。

円錐詩集　北園克衛

十月二十二日印刷。十月二十五日発行。

刊行者・鳥羽茂。印刷者・ボン書店印刷部鳥羽茂。四六判。五十一頁。

限定部数記載なし。帯付（帯文・北園克衛）。定価五十銭。

青の秘密　岩本修蔵

十月二十二日印刷。十月二十五日発行。

刊行者・鳥羽茂。印刷者・ボン書店印刷部鳥羽茂。四六判。六十九頁（ノンブルなし）。限定部数記載なし。帯付（帯文・近藤東）。巻頭著者近影。定価五十銭。

一九三四（昭和九）年

田園喜劇　イーディス・シットウェル詩抄／北村常夫訳
二月十七日印刷。二月二十日発行。
刊行兼印刷者・鳥羽茂。四六判。六十九頁。
初版百五十部。カバー付。本文和紙摺。定価八十銭。

神様と鉄砲　岡崎清一郎
四月一日印刷。四月五日発行。
刊行兼印刷者・鳥羽茂。四六判。四十三頁。
初版百五十部。帯付本文和紙摺。定価六十銭。

恋の唄　マラルメ著／北園克衛訳
五月十日印刷。五月十五日発行。
発行者・鳥羽茂。印刷者・羽田野芳文。十七×十二・五センチ。五十三頁。

初版和紙刷百五十部刊行。内A版（厚表紙）六十冊。B版（薄表紙）九十冊。
いずれも本文二色刷。帯付。定価A版九十銭。B版六十銭。

瑞枝　黄瀛

五月十五日印刷。五月二十日発行。
刊行者・鳥羽茂。印刷者・岡沢卯三郎。A五判。上製本。二百十八頁。
初刷四百部。表紙木版・畦地梅太郎。装丁・吉田雅子。序・高村光太郎。
序詩・木下杢太郎。校正・安藤一郎。函入。定価一円八十銭。

足風琴　衣巻省三

八月十五日印刷。八月二十日発行。
刊行者・鳥羽茂。印刷者・羽田野芳文。製本者・守田鋭雄。
A五判縦長変形。四十一頁。
初版二百六十部。内A版和紙刷上製本八十冊。B版地券紙刷並製本百八十冊。
いずれも本文二色刷。帙入。A版定価七十銭。B版定価四十銭。

神様と鉄砲（再版本）　岡崎清一郎

十月一日再版印刷。十月五日発行。
刊行兼印刷者・鳥羽茂。四六判。四十三頁。

限定部数記載なし。本文洋紙刷。定価六十銭。

放縦　アラゴン著／山中散生訳

十月二十五日印刷。十一月一日発行。

刊行者・鳥羽茂。印刷者・羽田野芳文。四六判。百六頁。

表紙絵・アルプ。口絵・マックスト・エルンスト。

セロファンカバー、函入。定価一円二十銭。

ペロケ色の衣裳　石河穣治

十一月三日印刷。十一月五日発行。

刊行者・鳥羽茂。印刷者・新伸社岡沢卯三郎。四六判。並製。二百三頁。

序文・鈴木善太郎。跋文・矢崎弾。装丁・北園克衛。定価一円。

魔法　小村定吉

十一月二十一日印刷。十一月二十五日発行。

刊行者・鳥羽茂。印刷所・虹霓社。A五判。四十八頁。

本文耳付和紙。二色刷。帙入。別紙「魔法序言」付。定価一円二十銭。

一九三五（昭和十）年

JOUER AU FEU（火串戯）　山中散生
六月二十一日印刷。六月二十五日発行。
刊行者・鳥羽茂。印刷者・羽田野芳文。菊判。上製。五十四頁。
函入。本文耳付和紙。定価一円五十銭。

不眠の午後　岩本修蔵
六月二十五日印刷。六月二十九日発行。

刊行者・鳥羽茂。印刷所・虹霓社。

限定百二十部刊行。内A版限定十五部（一～十非売本）。菊判。

表紙レザー装。本文別漉耳付山家紙。五十三頁。定価五円。

B版限定二十五部（一～五非売本）。十七・五×十四センチ。

表紙厚紙装。本文コットン紙。五十三頁。定価一円。

C版限定八十部（一～二十非売本）。十七×十三・五センチ。

並装本。本文地券紙。五十三頁。定価五十銭。

『五行山荘限定版書目細見』（佐々木桔梗著、昭和五十四年）によれば、A版にエナメル装表紙のものがあると記載されているが未確認。また各版とも、市販本―非売本に差異があるのかについても確認できなかった。記載に当たっては、A版の非売本、B版の市販本、C版の市販本を見たのみである。

ハリイ・クロスビイ詩抄　阿比留信訳

六月二十五日印刷。七月一日発行。

刊行者・鳥羽茂。印刷所・虹霓社。菊判縦長変形。五十五頁。函入。

本文コットン紙。二度刷。定価一円。

ペロケ色の衣裳（廉価版）　石河穣治

九月二十一日印刷。九月二十五日発行。

発行者・鳥羽茂。印刷所・虹霓社。

四六判。並製。二百三頁。五十銭。

前年十一月に刊行された同書の廉価版。装幀は変更されている。

竹藪の家（小説集）　一戸務

九月二十一日印刷。九月二十五日発行。

発行者・鳥羽茂。印刷所・虹霓社。

菊判。背紐綴装。本文和紙袋綴百頁（ノンブルなし）。自序。

函入。定価一円五十銭。

表紙の塵入り和紙は小村定吉詩集『魔法』の帙に使用された物と同一。

薔薇夫人　中村千尾
九月二十五日印刷。十月一日発行。
刊行者・鳥羽茂。印刷所・虹霓社。四六判。並製。五十一頁。限定百部。
セロファンカバー付。序文・岩本修蔵。意匠・鳥羽馨。定価五十銭。

一九三六（昭和十一）年
大和し美し　佐藤一英
四月二十八日印刷。五月一日発行。
刊行者・鳥羽茂。四六判。背紙紐綴。八頁。
再刷百三十部。厚紙ケース付。総和紙装。表紙絵・棟方志功。定価五十銭。
本書は昭和八年に新詩論編集所より刊行された同書の再版にあたる。今までに三冊を確認したが、いずれも表紙裏頁に「再刷百三十部」と印刷されている。この場合、昭和八年版に対しての再刷なのか、ボン書店版としての再刷なのかは明確でない。『詩学』十一号（昭和十一年六月、ボン書店）掲載の広告には「初版忽ち売切」の文句を見るが、『佐藤一英追悼号』（韻律詩社）掲載の年譜によればボン書店版の刊行は五月とあり、この再刷版がボン書店版の初版であることをうかがわせる。また、別刷解説が付く旨が予告されていたが確認できない。なお、本書刊行後の広告では別刷解説に触れていない。

童貞女受胎　ブルトン・エリュアール共著／山中散生訳

四月二十八日印刷。五月一日発行。

刊行者・鳥羽茂。印刷所・虹霓社。二十二×十八・五センチ。八十四頁。

限定百部。内A版和紙本三十部、B版洋紙（コットン紙）本七十部。

巻頭にマン・レイ撮影原著者近影入。

A版函入、背革装タトウ付上製本。定価一円八十銭。

B版函入、和紙カバー付並製本。定価一円四十銭。

即日発禁。八頁分削除の後に販売許可。

豹　梶浦正之

五月二十五日印刷。六月一日発行。

発行兼印刷者・鳥羽茂。四六判。並製。百十六頁。

カバー付。自序。定価八十銭。

偽経　坂下十九時

五月二十八日印刷。六月一日発行。

刊行者・鳥羽茂。印刷所・虹霓社。四六判。上製。八十五頁。
函入。巻頭著者近影一葉入。定価一円五十銭。

民謡集おせんころがし　富田衛

三月二十五日印刷。三月三十一日発行。
発行者・鳥羽茂。印刷者・安田頼太郎。四六判。上製。七十七頁。
題字・水谷まさる。装幀・遠藤襄。定価一円。

日光浴室　桜間中庸遺稿集

七月二十五日印刷。七月二十八日発行。
発行者・鳥羽茂。印刷所・虹霓社。十八×十五センチ。上製。百二十九頁。
函入。編集・富田衛、北里俊夫。あとがき・水藤春夫。定価一円。

プーシュキン全集（第一巻）　小説編（上）　菊池仁康訳

八月二十日印刷。九月一日発行。
刊行者・鳥羽茂。印刷所・虹霓社。四六判。上製。二百四十七頁。
函入。定価一円二十銭。

黴の生えた貞操（コント集）　武野藤介

九月二十五日印刷。十月一日発行。

刊行者・鳥羽茂。印刷所・虹霓社。四六判。上製。百五十八頁。
限定五百部。函入。定価一円五十銭。

L'ÉCHANGE SURRÉALISTE（超現実主義の交流）　山中散生編

九月二十日印刷。十月一日発行。

刊行者・鳥羽茂。印刷所・虹霓社。菊判。上製。八十六頁。

函入。表紙絵・下郷羊雄（表紙絵が赤と青の二種あり）。定価一円五十銭。

本書にはブルトン、プラシノス、ツァラ、エリュアール、ペレによる七論文が収録され、翻訳は瀧口修造、冨士原清一、葦ノ澤鶴蔵、柳亮、山中散生が行なっている。他に瀧口修造の詩（七編）、山中散生の論文（一編）を収録。また挿入写真、挿絵をエルンスト、マン・レイ、ベルメール、ダリらが寄せている。

稗子傳　吉田一穂

十二月二十八日印刷。十二月三十一日発行。

刊行者・鳥羽茂。印刷・ボン書店印刷部。四六判。並製。三十二頁。

カバー、函入。本文和紙。著者自画四葉入。定価一円。

一九三七（昭和十二）年

プーシュキン全集（第二巻）　小説編（中）　菊池仁康訳
一月五日印刷。一月十日発行。
刊行者・鳥羽茂。印刷所・虹霓社。
四六判。上製。二百八十五頁。函入。定価一円二十銭。
茶毗の唄　柴田忠夫・宮崎懋合著
二月一日印刷。二月十日発行。
発行者・鳥羽茂。印刷所・虹霓社。
四六判。並製。八十頁。函入。定価一円。

一九三八（昭和十三）年
北方の詩　高島高
六月二十日印刷。七月一日発行。
刊行者・鳥羽茂。印刷所・虹霓社。
菊判。上製。七十五頁。
序文・萩原朔太郎、北川冬彦。函入。定価一円。

●刊行雑誌

マダム・ブランシュ

三号（昭和七年十一月）～十七号（昭和九年八月）

レスプリ・ヌウボオ

一号（昭和九年十一月）～三号（昭和十年一月）

詩学（レスプリ・ヌウボオ改題）

四号（昭和十年三月）～十二号（昭和十一年八月）

●関連雑誌

バベル

一号（昭和九年十一月）～十二号（昭和十二年四月）

発行人・鳥羽茂。発行所・ボン書店。

六号まで外山定一編、以降林正義編。印刷矢島印刷所（五号のみ鳥羽茂印刷）。

本誌は外山定一方（七号からは林方）を編集所とし、ボン書店は直接にはその制作に関与していなかった。

手紙

第四号（昭和九年九月刊）編集兼刊行者・桑原圭介。

刊行所・中野区昭和通り一丁目二十三大島方手紙のクラブ。

印刷者・羽田野芳文。発売所・ボン書店。

第一〜二号未見、第三号（昭和九年六月刊）は安田頼太郎印刷。ボン書店の記載なし。広告によれば五号（未見）で終刊。

●ステファン・マラルメ記念詩集について

昭和七年十一月に発行された詩誌『オメガ』五号誌上で同名の記念詩集（荘生春樹編）が叢書として芝書店より広告された。昭和八年七月に芝書店より四冊を刊行。昭和九年四月に東都書院より四冊を刊行、同年七月には手紙のクラブより三冊を刊行した。このうち「ステファン・マラルメ記念詩集」と表示されたのは手紙クラブ版だけであったが、東都書院版刊行の際には、「同記念詩集第二回刊行」と広告されていた。いずれも作品一編に挿絵一点だけを収める小冊子。

芝書店版は鳥羽茂が印刷人となっている。旧芝書店主、芝隆一氏にその事情をうかがう機会を得たが記憶されてはいなかった。

なお、東都書院は鳥羽茂が実弟の羽田野芳文の名で活動した出版社であった。

MA PETITE MANSION　北園克衛
昭和八年七月一日印刷。七月五日発行。
発行・芝書店（芝隆一）。印刷者・鳥羽茂。挿絵・岩本修蔵。定価十銭。
故園の戯れ　荘原春樹
昭和八年七月一日印刷。七月五日発行。
発行・芝書店（芝隆一）。印刷者・鳥羽茂。挿絵・荘原春樹。定価十銭。
国際港の雨天　近藤東
昭和八年七月一日印刷。七月五日発行。
発行・芝書店（芝隆一）。印刷者・鳥羽茂。挿絵・岩本修蔵。定価十銭。
海の SOUVENIR　阪本越郎
昭和八年七月一日印刷。七月五日発行。
発行・芝書店（芝隆一）。印刷者・鳥羽茂。挿絵・阪本越郎。定価十銭。
サボテン　酒井正平
昭和九年四月一日印刷。四月五日発行。
発行・東都書院（羽田野芳文）。印刷所・虹霓社。挿絵・酒井正平。定価五銭。

古絃祭　岩本修蔵
昭和九年四月一日印刷。四月五日発行。
発行・東都書院（羽田野芳文）。印刷所・虹霓社。挿絵・北園克衛。定価五銭。

生誕　西崎晋
昭和九年四月一日印刷。四月五日発行。
発行・東都書院（羽田野芳文）。印刷所・虹霓社。挿絵・西崎晋。定価五銭。

復活祭の卵　マラルメ著／丹野正訳
昭和九年四月一日印刷。四月五日発行。
発行・東都書院（羽田野芳文）。印刷所・虹霓社。定価五銭。

また、手紙のクラブからは同年（昭和九年）七月二十日に以下の三冊が発行された。この刊行者は桑原圭介、印刷者は安田頼太郎であった。『LA MER』川村欽吾（挿絵・酒井正平）、『魚の住む村』桑原圭介（挿絵・桑原圭介）、『マヤお嬢さんと犬』伊藤昌子（挿絵・伊藤昌子）。

●刊行が広告されながら未刊に終わったもの［（　）内は広告された年度］

カミングス詩抄　伊藤整訳（昭和七年）
TEXTES SURRÉALISTES　瀧口修造（〃）
詩集（題名未定）　西脇順三郎（〃）
新雑誌ジュナール（詩・詩論・翻訳）九月創刊（昭和八年）
棕櫚日曜　渡辺修三（〃）
トリトンの噴水　西脇順三郎（昭和九年）
SATIRE　西脇順三郎（〃）
荒地　エリオット／町田静雄訳（〃）
夜鶯の歌　春山行夫（〃）
ラディゲ詩集　北園克衛訳（〃）
詩論　ロオトレアモン／冨士原清一訳（〃）
レスプリ・ヌウボオ詩選　鳥羽馨編（〃）
花卉　乾直恵（〃）（刊行無期延期）
＊昭和十年に椎の木社より同名で刊行された。
象徴派詩人の印象　レニエ／塩月赳訳（昭和十年）
ボオドレエル論　スウポオ／冨士原清一訳（〃）

杏咲く村　伊藤整（〃）
流行冊子・ブーケ　鳥羽馨・川原正一郎編（〃）
＊昭和十一年一月創刊予定とされた。
草の音楽　山田忠夫（昭和十一年）
合歓・犬・フラスコ　鳥羽茂（〃）
現代詩の諸問題　原一郎（昭和十二年）
＊同年興文社より同名で刊行された。
新韻律作詩法　佐藤一英（〃）
＊昭和十二年に佐藤一英が『蠟人形』掲載の文章で言及。昭和十五年に昭森社より『新韻律詩論』として刊行された。
我を铪めよ　佐藤一英（昭和十三年）
＊昭和十四年に十字堂書房より同名で刊行された。

鳥羽茂年譜抄

一九一〇（明治四十三）年
　十月十日、大分県大野郡緒方村大字大化で長男として誕生。父赫爾は愛媛県北宇和郡出身。母タカは旧姓羽田野。出生地はタカの実家であった。
一九一三（大正二）年
　十一月、弟芳文誕生。一七年（大正六）年に妹夏子、二〇（大正九）年には次妹愛子が生まれる。いずれも出生地は岡山市。
一九二三（大正十二）年　十三歳
　四月、岡山市立内山下高等小学校に入学。七月、父赫爾が死亡。
一九二四（大正十三）年　十四歳
　三月、岡山第一中学校入学試験に合格。四月、内山下高等小学校を中退し同中学校に入学。

一九二五（大正十四）〜一九二六（大正十五）年　十五〜十六歳

この時期の記録は不明である。昭和二年一月に発行された『鳥城』七十四号（岡山一中尚志会刊）では二年生として登場しているので、大正十四年か十五年の進級時に留年していたことになる。

一九二七（昭和二）年　十七歳

一月、『鳥城』七十四号に以下の作品を発表している。二年生鳥羽紫雨の名前で「ノートより」（短歌十二首）、童謡「雨の降る晩」一編、鳥羽茂の名前で詩「風その他」として三編、民謡「十五夜」一編。また、同誌掲載の「短艇部部報」には「六高主催近県中学短艇競漕大会」に選手として参加したことの記載がある。二月、『詩壇消息』一巻三号（宮本吉次編刊）の「全国詩人住所録」に「鳥羽茂・岡山市門田十九　瞳詩社内」と掲載される。四月、三年生に進級。岡山一中は寄宿舎を廃止。五月『歓祭』四号（京橋区南水谷町八伊相方、歓祭詩社。発行人江口隼人）掲載の受贈書一覧の中に『鳥羽茂パンフレット』の名がある。八月、『光風地』三号（浅野紀美夫編刊、愛知県愛知郡）に詩「マンドリン合奏会」「七月」を発表。同誌の「七月号感想」（塚本篤夫）によると七月号に「詩三篇」を発表。「にじみ出るやうな新鮮さを持つてゐる」と評される。九月、『鳥城』七十五号に「『あきつ翅』より」として詩十六編、「雨」として詩一編を発表。「短艇部部報」では鳥羽が主力選手として活躍している様子を伝えている。『聖樹詩人』通巻四十号（吉澤独陽編刊、兵庫県芦屋）に詩「漸秋」を発表。十月、『文芸』（五巻十号、文芸社）の投稿欄に「秋」「晴れた朝」と題する詩二編が掲載される。十一月、『現代文芸』（四十号、素人社）掲載の「全国同人誌鳥瞰」で『點景』が紹介される（『點景』岡山市門田十九　岡山詩人協会。同人、井上千秋・鳥羽茂の二人）。十二月、『文芸』（五巻十二号）の投稿欄に「旅の朝・外一編」が掲載される。『TEN. KEI』十二月版（編集発行印刷鳥羽茂。岡山市門田十九　岡山詩人協会。十二頁小冊子）に「初秋」他詩六篇を発表。福富菁児と尾形亀之助から寄せられた書簡を掲載。同人として北村栄太郎、小野仲二、鳥羽茂が列記。巻末に「刊行決定」として「昭和二年度総決算的総合誌集　昭和詩集（吉邨二郎装。四六判。上製箱入二百十余頁）」の執筆希望者への要綱を掲載。責任者は鳥羽茂、連絡先は岡山詩人協会出版部。また、「詩書出版製版印刷のご相談に応じます」として岡山詩人協会印刷部の広告を掲載。

一九二八（昭和三）年　十八歳

一月、『京都文芸』（村岸清太郎編、京都文芸社）創刊号に詩「月の出の楓林」一編を発表。『歌ひます』五号（永井善太郎編、福井県・歌ひますの家刊）の印刷人となる

（印刷所・岡山市門田十九　岡山詩人協会印刷部）。二月、『文芸』（六巻二号）の投稿欄に詩「霧の晴れた港」が掲載される。大鹿卓による「選後に」で「鳥羽君の詩風は已に風格を備えている。しかし今月のものなど余り面白いとも思えない。更に突っ込んだ把握が必要だ」と批評された。『文芸道』三巻二号（須藤荘一編、文芸進路社）に同じ作品「霧の晴れた港」が掲載された。四月、四年生に進級。『全詩人聯合』創刊号（尾形亀之助編、同聯合刊）に詩「二月の夜」一編を発表。巻末の「全詩人聯合会員名簿」（昭和三年二月一日現在）には岡山県唯一人の会員として名前が載る。『文芸』（六巻四号）に池田絢子の名前で詩「氷雨の夜」「静居」の二編が掲載される。五月、『文芸道』三巻五号に詩「春」を発表。『街景』創刊号（北村千秋編、関西学院詩人協会）に『點景』（鳥羽茂編、岡山詩人協会）の広告が掲載された。六月、『詩人年鑑一九二八』（詩人協会編）収録の「全国詩雑誌一覧」に現在刊行中の雑誌として「ＴＥＮＫＥＩ（鳥羽茂編）」が紹介された。『文芸道』三巻七号に「吹き降り」が掲載される。八月、『詩原始』創刊号（間野捷魯編）に詩「漸春」を発表。鳥羽はこの雑誌の同人ではなかったが、印刷人となっていた。住所はそれまでとは変わり「岡山市門田三八四」となっていた。十二月、『鳥城』七十七号掲載の「短艇部部報」に「鳥羽君をすら病気と家事のため一時失はねばならなかつたことは吾々練習上の大打撃であつた」との記事が載る。『詩原始』二号が発行されるが印刷人は鳥羽ではなかった。

一九二九（昭和四）年　十九歳

一月、『文芸』（七巻一号）、『詩友月旦』に澤紫影松が「池田絢子の名で投稿していた岡山詩人協会の鳥羽茂、此頃どうした、詩集刊行に多忙か……」との投書が載る。四月、五年生に進級。五月、廣田萬壽夫詩集『異邦児』（花畑社発行）の印刷人となる（岡山市外網浜東本町三三八　鳥羽印刷所）。大連の詩誌『戎克』三号（小杉福次編、戎克発行所）の受贈誌欄に『點景』（岡山市外網浜東本町三三八　點景詩社）が載る。十月、詩誌『戎克』八号の受贈誌欄に『點景』（岡山市門田屋敷一八二　點景詩社）が載る。十二月、『詩原始』（間野捷魯編）四号の印刷人となる。

一九三〇（昭和五）年　二十歳

一月、横田久次、山本遺太郎と共に詩誌『南国』を発行。鳥羽の提案で二号より『木曜』（MocYoh）と改題。二月、『鳥城』七十八号、「短艇部部報」の部員欄に五年生として鳥羽の名が掲載。三月、四年修了として岡山一中を卒業。これは五年生に進級していたが何らかの事情で就学日数、単位が足らず四年修了のまま卒業進学したと考えられる。四月、上京。慶応大学文科予科に入学。同級生に後に『マダム・ブランシュ』『二〇世紀』『新領土』等で活躍する詩人小林善雄がいた。『木曜』二号（横田久次編）に、詩「冬日」を発表。五月、間野捷魯宛の葉書によれば、このころの住所は「東京市外駒沢町上馬九七〇」となっている。この文面に『點心詩集』を刊行する旨を記載していた。六月、『木曜』三号（横田久次編）の巻末に『點心詩集』（八月末刊、點心詩房）の広告。九月、『點景』七号（鳥羽茂刊）に詩「秋夜」「十二月」「独居」「昼」を発表。同人は福富菁児と鳥羽茂の二名。発行所點心詩房（駒沢上馬一二〇八）。十二月、『木曜』五号（横田久次編）に詩「一日」「ELEGY」、感想「アイウエオ」を発表。暮（?）、慶応大学を退学（正確な時期は不詳）。その後、早稲田鶴巻町の洋服屋「一貫堂」に就職した。

一九三一（昭和六）年　二十一歳

二月、『ウルトラ・ニッポン』一号を八十島稔、藤村端と共に刊行。A五判二十八頁。編集人は東京都赤坂区中ノ町十九番地　八十島稔。発行兼印刷人は東京市外高田町雑司ヶ谷五二〇　鳥羽茂となっていた。鳥羽の住所は詩人坂本哲郎の住所と同一であり、このころから坂本の家に住み込んでいた。同誌巻末に「鳥羽茂近刊『點心詩集』取次販売します」との記載があった。五月、岡山で開催された「軍艦社第一回詩の展覧会」に『點景』『木曜』が展示される。七月、坂本哲郎が発行する月刊『山と海』一号の編集に加わる（発行・東京高田町雑司ヶ谷五二〇　鉄道商工新報社）。鳥羽はこれに以下のような編集後記を書いていた。「本誌は東京を中心として全国の遊覧地を季節向に選択し概況交通費用旅舎等の細部に亙り最簡明に最判り易く紹介せんとするもの云々」。八月、月刊『山と海』二号発行。この号にも鳥羽は編集後記を書き、また記事として「キャンピングの仕方」を編集局名で執筆した。同誌はこの号で廃刊。九月、『日本詩壇』（七巻一号／復刊一号・坂本哲郎編刊・東京高田雑司ヶ谷五二〇　日本詩壇社）に詩四編、散文一編を掲載。この巻末に「近刊」として「雨のすてえしよん　鳥羽茂詩集」を広告する。十月、『新鋭詩人選集』（パルナス書房・豊島区高田町若葉）を企画し編纂者となる。編纂者には竹中郁、倉橋弥一、赤松月船、木山捷平、杉江重英が名を連ねたが、実質的には鳥羽が全てを担当した。十一月、『木曜』十一月版（横田久次編）に詩「あたたかい秋」を発表。後記に「伸び伸びになつてゐた同君の詩集『雨のすてえしよん』は明春刊行に決定」とある。十二月、『日本詩壇』（七巻二号、坂本哲郎編刊・東京高田雑司ヶ谷二一七）の装丁カットを担当。作品は掲載していない。この号の広告に「日本詩壇社発行・新聞詩壇タイムス・原稿募集・鳥羽茂編集・詩に関するあらゆるニュースは本誌に・2 SEN」とある。未刊であった。

一九三二（昭和七）年　二十二歳

一月、『鉄道時論』（坂本哲郎主宰・東京高田雑司ヶ谷二一七　鉄道時論社）が創刊される。鳥羽茂は社員としてこれに加わっていた。またこの月『銀の泉』二号（山梨県教育会北都留郡第二支会編発行）に童謡「五月の便り」を発表。二月、『鉄道時論』二号発行。編集後記に鳥羽茂は「創刊初頭からの大体の編集方針は私の意見によるものである」と記した。詩誌『寂静』（二巻二号）に詩「Poesie」を発表。三月、『鉄道時論』三号発行。目次に「装丁・鳥羽茂」と明記される。扉頁に詩「三月」を発表。四月、『鉄道時論』四号発行。「装丁・鳥羽馨」となる。扉頁に詩「Poesie」を発表。この号に「鳥羽馨詩集　雨の停車場　定価六〇銭　鉄道時論社取次」と広告した。五月、『詩人時代』五月号（吉野信夫編刊）に「福富菁児に就いて」を執筆。そのなかで「三、四年前（私の詩集が）上梓されんとしたことがあって、そのとき二、三の友人から跋を貰うことになり氏にも何かと面倒を掛けた」とあり、そのとき福富は「（序を貰うなら）多賀君、サトウ君、尾形君」に依頼するよう返事をしている旨の記載がある。この鳥羽の文章の最後に「一九三二、三、十八パルナス書房にて」とある（多賀とは、多賀圭二郎。『犀』同人、福井県鯖江町の詩人）。五月、『前線』二十四号（五月一日発行、大阪日本前線社）に『若いコロニイ』

の広告が「パルナス書房・東京市外高田町若葉」の名前で載る。また、『文芸汎論』（岩佐東一郎編）五月号にも「『若いコロニイ』発行パルナス書房」の広告が載る。『鉄道時論』五号発行。「装丁・鳥羽馨」。扉頁に詩「Poesie」発表。「キャンピングの仕方」（四頁）を鳥羽馨名で執筆。岡山で発行された詩雑誌『曙』十七号の「諸氏雑信」に執筆。『マダム・ブランシュ』創刊号発行（発行アルクイユのクラブ。編集発行兼責任者北園克衛）。六月、『鉄道時論』六号発行。編集後記を執筆。七月、パルナス書房近松清の経営破綻により『新鋭詩人選集』の刊行が中止となる。「新鋭詩人選集刊行中止に就てご執筆の諸氏並びに私を除く五人の編纂者諸子に衷心からお詫び申し上げます」（孔版刷二枚・文責東京市外高田町雑司ヶ谷五一六　鳥羽茂鞠躬）を執筆者に送付。八月、『内海文学』創刊号（広島内海文学編集所）にボン書店としては初めての出版広告を掲載。また詩人消息欄に「鳥羽馨氏ボン書店を開業」の記事がある。『若いコロニイ』（北園克衛）、『一匙の雲』（竹中郁）をボン書店処女出版書として刊行。『鉄道時論』七号発行。編集後記を執筆。扉頁に詩「Poesie」発表。九月、『シルク&ミルク』（春山行夫）を刊行。十月、『アケボノ年刊詩集』（岡山曙詩社）に詩「La cristallri」を発表。十一月、『小説文学』七号（田沢俊三編）に「印刷人・鳥羽茂、印刷所・鉄道時論社印刷所」とある。『抒情詩娘』（近藤東）を刊行。『マダム・ブランシュ』三号発行、この号からボン書店発行となり印刷も鳥羽茂となる。

一九三三（昭和八）年　二十三歳

一月、『ボン書店月報』（号数記載なし）を発行。『亜細亜の鹹湖』（安西冬衛）を刊行。『マダム・ブランシュ』四号を発行。『鉄道時論』十号に編集後記を執筆、これ以後同誌の発行は確認できない。二月、『マダム・ブランシュ』五号を発行。この頃『ボン書店月報』四号発行（刊記なし）。四月、『マダム・ブランシュ』六号を発行。六月、『マダム・ブランシュ』七号を発行。『貝殻の墓』（阪本越郎）を刊行。七月、芝書店から同時刊行された『MA PETITE MANSION』（北園克衛）、『故園の戯れ』（荘生春樹）、『国際港の雨天』（近藤東）、『海の SOUVENIR』（阪本越郎）の印刷人となる。八月、『マダム・ブランシュ』八号を発行。九月、『ペリカン嶋』（渡辺修三）を刊行。『レツェンゾ』（紀伊國屋書店）九月号に「立ち読みする諸氏よ」を発表。『マダム・ブランシュ』九号を発行、詩「詩人の出発」を発表。十月、『円錐詩集』（北園克衛）、『青の秘密』（岩本修蔵）の二冊を同時刊行する。『マダム・ブランシュ』十号を発行、「濡れた街の夜の地図」を発表。十一月、『マダム・ブランシュ』十一号を発行。十二月、『マダム・ブランシュ』十二号を発行。岡山で発行されていた詩雑誌『曙』二十五号には中国詩人連盟理事として鳥羽の名前がある（同連盟は『曙』の発行母体であった）。

一九三四（昭和九）年　二十四歳

一月、豊島区雑司ヶ谷五丁目六七七番地に移転。ボン書店と並行して印刷屋を始める。印刷屋を虹霓社と名付け、実弟の羽田野芳文を名義人とした。だが、これは名義だけのもので実際には出版・印刷一体のものとして鳥羽茂が一人で担っていた。これ以降ボン書店の刊行書は「印刷・虹霓社」と表記される。二月、『田園喜劇』（北村常夫訳）を刊行。『マダム・ブランシュ』十三号を発行。三月、『マダム・ブランシュ』十四号を発行。四月、『神様と鉄砲』（岡崎清一郎）を刊行。『マダム・ブランシュ』十五号を発行。このころ鳥羽茂はボン書店とは別に東都書院の名前を使って出版を始める。この月、東都書院から『古絃祭』（岩本修蔵）、『サボテン』（酒井正平）、『生誕』（西崎晋）、『復活祭の卵』（丹野正訳）を刊行。五月、『恋の唄』（北園克衛訳）、『瑞枝』（黄瀛）を刊行。六月、『マダム・ブランシュ』十六号を発行。東都書院から女流詩誌『ごろっちょ』創刊号を発行。福岡で発行された詩誌『小劇場』（田丸高夫編）にボン書店と東都書院が並んで広告を出す。七月、東都書院より『ごろっちょ』二号を発行、鳥羽馨詩集『雨の停車場』が同社近刊と広告されていた。東都書院の名前はこれを最後に使われなくなる。八月、『足風琴』（衣巻省三）を刊行。『マダム・ブランシュ』十七号（終刊号）を発行。十月、札幌で発行されていた詩誌『詩弦』（岡本萬久編）に詩「LA INCONSTANCE」を発表。また同誌に新雑誌『レスプリ・ヌウボオ』の広告も載せていた。十一月、『放縦』（山中散生訳）、『ペロケ色の衣裳』（石河穣治）、『魔法』（小村定吉）を刊行。『レスプリ・ヌウボオ』創刊号を発行。アンデパンダン制を採用した。十二月、『レスプリ・ヌウボオ』二号を発行。福岡とく（明治三十五年生）と結婚。

一九三五（昭和十）年　二十五歳

一月、『レスプリ・ヌウボオ』三号を発行、「『詩作法』と『井上多喜三郎詩抄』」を発表。同誌は三号限りでアンデパンダン制を廃止し、誌名の変更を発表。二月、長男瑤が誕生。三月、『詩学』（『レスプリ・ヌウボオ』改題）四号を発行。四月、北園克衛との共同編集で『詩学』五号を発行。共同編集はこの号限りであった。六月、『火串戯』（山中散生）、『不眠の午後』（岩本修蔵）を刊行。七月、『ハリイ・クロスビイ詩抄』（阿比留信訳）を刊行。九月、『ペロケ色の衣裳』（石河穣治・廉価版）、『竹藪の家』（一戸務）を刊行。『詩学』六号を発行、詩「光る人」を発表。十月、『薔薇夫人』（中村千尾）を刊行。パリで発行された『CAHIERS D'ART』十月号に『L'ÉCHANGE SURRÉALISTE（超現実主義の交流）』の広告が載る。ここでは一九三五年八～九月の刊行書として紹介された。十一月、『詩学』七号を発行、エッセイ「馬に乗った詩人」「スーツケース」「ハッシュッシュ酒」、詩「向かふを向いた男」を発表。この号で「詩学詩人賞」の設立を発表した。審査員は鳥羽馨ただ一名であった。また、鳥羽馨編集の流行冊子『ブーケ』発行の予告が載ったが、これは未刊であった。『詩の本』十六輯（小池久雄編・大阪）に評論「白い手の太郎」を発表。十二月、『詩学』八号を発行、エッセイ「サンブツジョウノイン」を発表。姫路で発行された詩誌『驢馬』五号（詩村映二編刊）に「詩学詩人賞」の案内が一頁大で掲載された。

一九三六（昭和十一）年　二十六歳

二月、『詩学』九号を発行、この号より佐藤一英との共同編集となる。巻頭に鳥羽、佐藤の連名で「『詩学』改組について」を掲載。『詩学』の誌面は新韻律詩運動へ急速に傾斜していく。三月、『おせんころがし』（富田衛）を刊行。四月、『詩学』十号を「特集・現代詩の欠陥とその対策」として発行。五月、『大和し美し』（佐藤一英）、『童貞女受胎』（山中散生訳）、『詩学』十一号を「日本プロソディ特集号」として発行。この号で「詩学詩人賞」を発表、受賞作なし。六月、『豹』（梶浦正之）、

『偽経』(坂下十九時)を刊行。七月、『日光浴室』(桜間中庸)を刊行。八月、『詩学』十二号を「夏季軽快号」として発行。ボン書店近刊として鳥羽茂詩集『合歓・犬・フラスコ』が広告されるが、未刊。『詩学』はこの号で終刊となった。九月、『プーシュキン全集』第一巻を刊行。十月、『黴の生えた貞操』（武野藤介）、『L'ÉCHANGE SURRÉALISTE（超現実主義の交流）』（山中散生編）を刊行。十一月、このころ豊島区長崎東町二丁目六九六番地に移転。『詩人時代』終刊号（吉野信夫追悼号）に「ADIEU・吉野信夫君」を発表。十二月、『稗子傳』（吉田一穂）を刊行。

一九三七（昭和十二）年　二十七歳

一月、『プーシュキン全集』第二巻を刊行。二月、『茶毗の唄』（柴田忠夫・宮崎懋）を刊行。四月、『詩作』（川路柳虹編）四月号にボン書房近刊として『現代詩の諸問題』（原一郎）の広告を載せた（同書は九月に興文社から刊行された）。

一九三八（昭和十三）年　二十八歳

六月、新定型詩誌リーフレット『聯』（佐藤一英編）一巻二号に聯詩「永遠の鯛」、エッセイ「聯の座」を発表。七月、『北方の詩』（高島高）を刊行。これがボン書店としての最後の出版になった。『聯』一巻三号に聯詩「三角形のパラソル」、エッセイ「聯座の人々」を発表。妻とくが結核のため死亡。享年三十六歳。八月、『聯』

一巻四号に聯詩「抒情詩」を発表。十月、『聯』一巻五号に聯詩「お遊戯」を発表。

一九三九（昭和十四）年

この年、あるいは前年であったのかは特定できないが、鳥羽茂は東京を引き払い長男瑤を連れて母方の実家があった大分県緒方村へ向かった。馬小屋に併設した小さな住まいに親子二人で暮らす。

一月、佐藤一英は『蠟人形』新年号に載せた「第三のもの」のなかで鳥羽茂の聯詩一編を紹介した。二月、『聯』二巻二号に聯詩「聯」、エッセイ「聯座の人々」を発表。三月、『聯』二巻三号に聯詩「聯」を発表。『月刊文章』（厚生閣）三月号に聯詩「恋」「遊戯」を発表。四月、『日本評論』（日本評論社）四月号に聯詩「LE IMPOSTEUR」を発表。五月、『聯』二巻五号に聯詩「聯」を発表。六月二十九日、結核のため死亡。享年二十八歳（大分県大野郡緒方村大字大化二四八三）。当地の吉祥寺の過去帳に「伝法受心信士」の戒名が記録されている。墓碑は見つけられなかった。七月、『聯』二巻七号に聯詩「聯」を発表。鳥羽茂の名前はこれを最後に姿を消した。九月、昭和十二年に刊行予定ですでに印刷されたまま据え置かれていた佐藤一英詩集『我を咎めよ』が十字堂書房から刊行された。この印刷は「ボン書店印刷部」と表記されていた。

一九四〇（昭和十五）年

六月、『新韻律詩論』（佐藤一英、昭森社）の序文に「旧ボン書店主であった故鳥羽茂君の厚い友情に感謝する」と記された。十月、『聯』三巻九号に松本嘉之が「聯詩人小論・鳥羽茂」を掲載。なかに「鳥羽茂が逝って一年有余……」とあった。

一九四一（昭和十六）年

九月、聯詩叢書(2)『神話』（山崎琢水、聯詩社）巻末の広告に同叢書の近刊として聯詩集『三人集』（鳥羽茂・泉潤三・三村達麿）が案内されたが未刊であった。

アルクイユのクラブ会員移動一覧

「アルクイユのクラブ」という圏内の真っ只中にボン書店は登場した。このクラブは1932年（5月）『マダム・ブランシュ』の創刊を契機に結成され、1935年夏「VOUクラブ」の結成に際して解散した。クラブの構成詩人は流動的であり、そのことは機関誌である『マダム・ブランシュ』『ジャングル』の巻末に毎号掲載された会員名簿から知ることができる。

なお、数字は『マダム・ブランシュ』の号数、「J_1」は「ジャングル」1号を、「J_2」は『ジャングル』2号を示している。

氏　名	1	2	3	4	5	6	7	8	9	10	11	12	13	14	15	16	17	J_1	J_2
AS															●	●	●		
FR															●	●	●		
SR															●	●	●		
O															●				
of AS															●				
青木泰太郎	●	●	●	●	●	●	●	●	●	●									
秋本　輝	●	●	●	●															
飛鳥　融	●	●	●	●	●	●	●	●											
麻生　正					●	●	●	●	●	●	●	●	●	●	●	●	●		
井伊脩三							●	●	●	●	●	●	●	●	●	●	●		
石野　真																		●	
一瀬通之			●	●	●	●	●	●	●	●	●	●	●	●	●				
伊藤昌子					●	●	●	●	●	●	●	●	●	●	●	●	●	●	
井上多喜三郎					●	●	●	●	●	●	●	●	●	●	●	●	●	●	
岩本修蔵	●	●	●	●	●	●	●	●	●	●	●	●	●	●	●	●	●	●	●
岩佐東一郎					●	●	●	●	●	●	●	●	●	●	●				
上田　修					●	●	●	●	●	●	●	●	●	●	●	●	●		

氏　名	1	2	3	4	5	6	7	8	9	10	11	12	13	14	15	16	17	J_1	J_2
植松　計					●	●	●	●	●	●	●	●							
上田　保																		●	
上野三郎													●	●	●	●	●	●	●
浦和　淳								●	●	●	●	●	●	●	●	●	●	●	
江間章子					●	●	●	●	●	●	●	●	●	●	●				
大前登與三										●	●	●	●	●	●	●	●		
大森泰二郎											●	●	●	●	●				
岡山　東					●	●	●	●	●	●	●	●	●	●	●	●	●	●	
岡本美致廣												●	●	●	●	●	●	●	●
春日新九郎													●	●	●	●	●		
加藤　一					●	●	●	●	●	●	●	●							
加藤真一郎													●	●	●	●	●	●	
金沢福緒					●	●	●	●	●	●	●	●	●	●	●	●	●	●	
金沢　新					●	●	●	●	●	●	●	●	●	●	●	●	●	●	
川村欣吾					●	●	●	●	●	●	●	●	●	●	●	●	●	●	
菊島恒二					●	●	●	●	●	●	●	●							
北園克衛	●	●	●	●	●	●	●	●	●	●	●	●	●	●	●	●	●	●	●
木村五郎			●	●	●	●	●	●	●	●	●	●	●	●	●	●	●		
桑原圭介					●	●	●	●	●	●	●	●	●	●	●	●	●	●	
小林善雄					●	●	●	●	●	●	●	●	●	●	●	●	●	●	●
近藤　東	●	●	●	●	●	●	●	●	●	●	●	●	●	●	●	●	●		
西条成子							●	●	●	●	●	●	●	●	●	●	●	●	
阪本越郎	●	●	●	●	●	●	●	●	●	●	●	●	●	●	●				
酒井正平				●	●	●	●	●	●	●	●	●	●	●	●	●	●	●	
左川ちか	●	●	●	●	●	●	●	●	●	●	●	●	●	●	●				
佐藤義美	●	●	●	●	●	●	●	●	●	●	●	●	●	●	●				
沢木隆子	●	●	●	●	●	●													
塩寺はるよ												●	●	●	●	●			
静　文夫										●	●	●	●	●	●	●			
志保砂彦					●	●													
城　左門					●	●	●	●	●	●	●	●	●	●	●				

氏名	1	2	3	4	5	6	7	8	9	10	11	12	13	14	15	16	17	J_1	J_2
城　尚衛					●	●	●	●	●	●	●	●	●	●	●	●	●		
駿河正平		●	●																
芹沢一夫					●	●	●	●	●	●	●	●	●	●	●	●			
荘生春樹	●	●	●	●	●	●	●												
曽山杜二男	●	●	●	●	●	●													
田中克巳					●	●	●	●	●	●	●	●	●	●	●				
丹野　正											●	●	●	●	●	●	●	●	●
佃　留雄										●	●	●	●	●	●	●	●	●	
鳥羽　馨							●	●	●	●	●	●	●	●	●	●	●		
中村千尾															●	●	●	●	
中村喜久夫																		●	
西崎　晋						●	●	●	●	●	●	●	●	●	●	●	●	●	
西脇順三郎					●	●	●	●	●	●	●	●	●	●	●	●	●	●	
長谷川牧夫												●	●		●				
広瀬五郎					●	●	●	●	●	●	●								
壁谷恒士					●	●	●	●	●	●	●	●	●	●	●	●	●		
堀　清																		●	
本多宏盛	●	●																	
村松貞亮					●	●	●	●	●	●	●	●	●	●	●	●	●		
本山茂也	●	●	●	●	●	●	●	●	●	●	●	●							
山中富美子	●	●	●	●	●	●	●	●											
山中散生			●	●	●	●	●	●	●	●	●	●	●	●	●	●	●	●	
山下閃史					●	●													
六条　篤													●	●	●	●	●		
大島博光																			●
八十島稔																			●

取材協力者（五十音順・敬称略）

浅井彩、阿部秀悦、池田時雄、上田修、衛藤宗允、太田理英、大河内雄二、大谷省吾、岡本廣司、加藤明子、金井優子、川村欣吾、川村洋一、菊島恒二、小林善雄、坂本明子、坂本憲史、坂本美登里、坂本博、佐古田亮介、佐々木桔梗、佐々木靖章、佐藤漣、佐藤たまを、澤木隆子、柴田忠夫、芝隆一、関井光男、宗隆彦、征矢哲郎、高橋たか子、竹沢えり子、丹野正、鳥羽瑤、富高寛、西原和海、野口存彌、橋本明夫、羽田野和子、羽田野夏子、原野克一、藤田正二、間野捷魯、保永貞夫、山本遺太郎、米田栄作、和田博文。

神奈川県立近代文学館、吉備路文学館、彷書月刊編集部。

解説

書物の霊と語る人
——内堀弘への感謝

長谷川郁夫

『ボン書店の幻』の出現は、私には一つの事件であった。

京都の白地社から叢書レスプリ・ヌウボオという四六変型判のシリーズの一冊として出版されたのは一九九二年九月のこと。新刊書店の棚に見出してすぐに一書を購入したのは（入れ違いに著者からの献本が届けられたが）、その数年前、私は「われ発見せり」と題して伊達得夫をめぐる評伝を発表していたからだった（「新潮」一九八六年二月号）。伊達は敗戦の三年後、神田神保町の路地裏でたった一人の出版社、書肆ユリイカをおこし、洒落た造本感覚で同時代のすぐれた詩書を送り出した。現代詩はかれとともに誕生した、といっても過言ではない。しかし六一年一月、四十歳で閉ざされたその短い生涯は、鬱色の靄に包まれた印象の、どこか影の薄いものであった。評伝のなかに、私はボン書店の例を挙げていた。「小出版社の元型的なイメージ」として、「そこには悲劇の匂いがつきまとっていた。百年そこそこのわが国の出版の歴史のなかで、詩書を専門とする本屋の運命は、きまって不幸な終末が約束されているようだ」などと記したのである。

だが、それまでボン書店についての私の知識は、春山行夫『詩人の手帖』中の短文の範囲を超えるものではなかった。それによって、鳥羽茂のイメージは「小柄な、背のひくい、少し神経質な青年」として固着していた。「詩を書くつもりで東京に出てきたのであろうが、その情熱を詩集という形で残したのであった」と記されていたのを覚えている。ただ、『吉田一穂全集』の刊行に携っていた頃、ボン書店版『稗子傳』を複刻したいと情熱を賭けた同世代の青年があったことが懐しく思い出された。

書肆ユリイカの『今日の詩人双書』(『吉岡実詩集』など)の造本が、ボン書店の『生キタ詩人叢書』(北園克衛『若いコロニイ』など)の(判型こそ違うが)盗用と感ぜられるほどにそっくりな趣向であるのに私は気付いていたが、『ボン書店の幻』を一読して、ボン書店の出版理念そのものが書肆ユリイカに引き継がれたことに得心がいった。とはいっても、戦争をはさんで十年後、トランプの不吉なカードが鳥羽茂から伊達の手に渡ったように思えたのだった。

このときはまだ、内堀弘という著者がどんな人物なのかは、詳しく知らなかった。

三十歳台の古書店主であると奥附頁に記載されていたが、負の情熱に賭けた小出版人への興味、そんなこころの傾き（そういってよければ、体質）の持ち主であることに共感に似たものを覚えたのだが。

＊

十数年ぶりに『ボン書店の幻』を読み返して、感動をあらたにした。

丹念かつ執拗な精査ぶりには初読の際にも圧倒されたが、なにより文章がいい。鳥羽茂《いかし》（と読ませたそうだ）という蜉蝣のような存在の〝謎〟を追う著者の息遣いに導かれ、読者は昭和戦前のレトロな時間に引き込まれる。かすかな翅音を頼りに雑司谷・鬼子母神の欅並木の暗がりから、岡山、そして大分県の山間の地へ、と。だが、この推理／想像力による追跡行は感傷に溺れるものではなかった。モダニズムは明い。わが文学の湿った私小説的風土に一瞬吹きわたった爽やかな風だった。鳥羽茂は気化してモダニズムの乾いた空気中に溶け込んでしまったかのような気配である。そんな透明感が読後の印象を、まるでフィクションではないかとさえ錯覚させた。

と、再読の喜びを記す前に、此の度新たに書き下ろされた「文庫版のための少し長いあとがき」を読んで、途中で思わず目頭が熱くなったことを告白しなくてはならない。巧すぎるよ、内堀さん！

ここにあるのは、著者十数年の成熟の時間。しかし、事後経過を淡々と綴る先に、鳥羽茂をめぐる〝現実〟が露わとなって、その実在性が刻印された。事実の報告でありながら、なぜかそれがフィクション（読み物）としての完成度をたかめるような効果をあげていると感じられるのである。

＊

内堀さんは古書店・石神井書林の主《あるじ》。といっても店はなく目録販売だけの、見えない古本屋。いつ頃からか私のところにも目録が送られてくるようになった。この七月に届いた最新号は、第七十五号。B5判・二五六頁の堂々たる大冊で、制作費だけでも相当な額がかかるのではないか。時に欲しい本を選んで注文するのではあるが、その都度、わずかでも経費の足しになるようにとの気持もはたらく。

蒐書の専門は近・現代詩一般だが、研究者もたじろぐほどの充実ぶり。昭和モダニズム、ダダ、シュルレアリスムが中心で、旧植民地文学関係や都市、雑踏といったテーマの周縁文化が加わり、そこに内堀さんの関心のありかが現在形で察知される。特集号が計画される場合もあって、編集作業に没頭する様子までが想像されるのである。

目録に並んだ六千点を超える本や雑誌のすべてが内堀さんの手に触れたかと思うと、感嘆するほかない。マニアックな仕事といえばいえるだろうが、内堀さんの場合、たんにそうとばかりはいえない。できる古本屋の親爺は誰れも一様に怕い。ところが樸たる古代人を思わせる風貌の内堀さんには、どこか〝素人っぽさ〟がつきまとっているようだ。例えば、一冊の本についた汚点《しみ》にも物語を感じとってしまう。本や雑誌の霊を感知する。買う人、売る人、そして本の手触りから、書いた人、造った人の背後に連想がおよび、印刷者の名前まで記憶する。裏返してみれば、本書のなかに「アマチュア」の一語が頻用されているが、内堀さんもまた「アマチュア」というべきなのかも知れない。

内堀さんには『石神井書林日録』（二〇〇一年）と題する、いわば古本屋貧乏譚といった内容の愉快な一著がある。そこでも自身の〝素人っぽさ〟がいくらか誇張して表現されているが、著者の暖い人間性がほのぼのと感じられる内容だった。

＊

内堀さんの人間性を解く鍵は、精神の健康なはたらきにあると思う。それを端的に示すのは、例えば、本書中に「まことに『文学史』というものは本を書いた人と、書かれた本とによる便宜上の歴史であって、ここには身を削るようにして書物を送り出した『刊行者』の存在など入り込む余地はない」などとの批判的記述があることといえる。文学史は著者だけのものではない。出版者（社）の機能《はたらき》を得て、読者が築いたものである。この当り前の認識を、私は「われ発見せり」中に明言することができなかった。当時出版の現場にいて、たとえ伊達得夫のことにせよ、「身を削るようにして」などとは到底記す訳にはいかなかった。

ところが、本は著者だけのものであるとする思い上りによる迷妄は、意外なことに著者や文学史家の間にいまも根強く残っていると観察される。無名の黒子たちの仕事の歴史は書かれねばならない。繊細な感性によって。少部数ではあっても、かれらの仕事は、本書の著者のいう「尖端」において、その時代の最高の感度をもった読者に支えられたのだから。時空を超えた交信力、私が内堀さんに信頼を寄せる理由の一つもそこにある。

本書に数例が挙げられているが、ボン書店の自費出版といっても、詩人たちは直接制作費だけを負担する、あるいはそれに近い額の本を買上げるといった程度のものだったろう。職人芸を思わせる鳥羽茂の組版技術、そのデザイン感覚の洗煉は、金銭によっては酬われなかった。〝器用仕事《ブリコラージュ》〟というものは、なかなか理解されないもののようだ。かれの眼差しは本文の余白（実際には、インテルなどの詰め物で構成されたネガの部分）のはるか彼方に向けられていたというほかない。

＊

成功した人物には関心をもたない。ここにも精神の健康性は明らかだが、考えてみれば、これは古書業界では通例のことといえるかも知れない。

時たま出会うようになった内堀さんの印象はむしろ楽天家で、深刻癖のカケラもないと見える。だが、夭折詩人たちへの内堀さんの執着には、確証があって記すのではないが、若き日に挫折を経験したことがあるのだろうとも推察される。凍りつくような負の情念に惹かれる理由がある筈だと思うのである。

「アマチュア」の語は、たんに営利を目的としない行為の純粋性をいうのだろう。それを約めて「純粋」の一語に置き換えるなら、私の眼前に、昭和初年代のフランス文学流行の様相があらわれる。「純粋」に憑かれて、結晶のまた結晶を追い求めた一群の芸術派青年たち。野田本、江川本の白い表紙。『二十歳のエチュード』の原口統三に至る、情念の犠牲者たちの系譜が思い浮ぶのである。『マダム・ブランシュ』の表紙を真似てか、書肆ユリイカ版『二十歳のエチュード』初版も表紙はフランス語表記だけのものだった。おしなべていえば、昭和戦前のシュルレアリストやモダニストの想念は、ここではないどこかを生きていたのである。

『ボン書店の幻』が出現するまで、ボン書店・鳥羽茂もそこに斃れた一例であった、と私は考えていた。初読の際にも「謎」は「謎」のまま、本書は虚無への花束なのだと読んだ。詩人になることを志して上京した鳥羽茂だったが、あなたは〝器用仕事《ブリコラージュ》〟によって詩人だったのだと告げる、著書の優しい思いが伝えられた。

「文庫版のための少し長いあとがき」によって、鳥羽茂をめぐる内堀さんの長い旅は終った。だが、そこに記された事実、鳥羽茂の〝実在性〟は内堀さんの悲哀をいっそう深めたのではないか。簡潔な筆致がそれを物語っている。誰れかの言葉をもじって、美を夢みし人は……、と呟く内堀さんの声も一陣の風に吹き消された。そんなシーンが眼前に浮んでくる。

本書は一九九二年九月、白地社より刊行された。

ねにもつタイプ　岸本佐知子
何となく気になることにこだわる、ねにもつ。思索、奇想、妄想はばたく脳内ワールドをリズミカルな名短文でつづる。第23回講談社エッセイ賞受賞。

TOKYO STYLE　都築響一
小さい部屋が、わが宇宙。ごちゃごちゃと、しかし快適に暮らす、僕らの本当のトウキョウ・スタイルはこんなものだ！　話題の写真集文庫化！

自分の仕事をつくる　西村佳哲
仕事をすることは会社に勤めること、ではない。仕事を「自分の仕事」にできた人たちに学ぶ、働き方のデザインの仕方とは。（稲本喜則）

世界がわかる宗教社会学入門　橋爪大三郎
宗教なんてうさんくさい⁉　でも宗教は文化や価値観の骨格であり、それゆえ紛争のタネにもなる。世界宗教のエッセンスがわかる充実の入門書。

ハーメルンの笛吹き男　阿部謹也
「笛吹き男」伝説の裏に隠された謎はなにか？　十三世紀ヨーロッパの小さな村で起きた事件を手がかりに中世における「差別」を解明。（石牟礼道子）

増補　日本語が亡びるとき　水村美苗
明治以来豊かな近代文学を生み出してきた日本語が、いま、大きな岐路に立っている。我々にとって言語とは何なのか。第8回小林秀雄賞受賞作に大幅増補。

子は親を救うために「心の病」になる　高橋和巳
子は親が好きだからこそ「心の病」になり、親を救おうとしている。精神科医である著者が説く、親子という「生きづらさ」の原点とその解決法。

クマにあったらどうするか　姉崎等　片山龍峯
「クマは師匠」と語り遺した狩人が、アイヌ民族の知恵と自身の経験から導き出した超実践クマ対処法。クマと人間の共存する形が見えてくる。（遠藤ケイ）

脳はなぜ「心」を作ったのか　前野隆司
「意識」とは何か。どこまでが「私」なのか。死んだら「心」はどうなるのか。――「意識」と「心」の謎に挑んだ話題の本の文庫化。（夢枕獏）

しかもフタが無い　ヨシタケシンスケ
「絵本の種」となるアイデアスケッチがそのまま本に。くすっと笑えて、なぜかほっとするイラスト集です。ヨシタケさんの「頭の中」に読者をご招待！

本屋、はじめました 増補版　辻山良雄
リブロ池袋本店のマネージャーだった著者が、自分の書店を開業するまでの全て。その後のことを文庫化にあたり書き下ろした。（若松英輔）

ガケ書房の頃 完全版　山下賢二
京都の個性派書店青春記。２００４年の開店前からその後の展開まで。資金繰り、セレクトへの疑念など本音で綴る。帯文＝武田砂鉄（島田潤一郎）

わたしの小さな古本屋　田中美穂
会社を辞めた日、古本屋になることを決めた。倉敷の空気、古書がつなぐ人の縁、店の生きものたち……。女性店主が綴る蟲文庫の日々。（早川義夫）

ぼくは本屋のおやじさん　早川義夫
22年間の書店としての苦労と、お客さんとの交流。どこにもありそうで、ない書店。30年来のロングセラー！（大槻ケンヂ）

女子の古本屋　岡崎武志
女性店主の個性的な古書店が増えています。カフェを併設したり雑貨も置くなど、独自の品揃えで注目の各店を紹介。追加取材して文庫化。（近代ナリコ）

野呂邦暢　古本屋写真集　野呂邦暢／岡崎武志／古本屋ツアー・イン・ジャパン編
野呂邦暢が密かに撮りためた古本屋写真が存在する。２０１５年に書籍化された際、話題をさらった写真集が増補、再編集の上、奇跡の文庫化。

ボン書店の幻　内堀弘
１９３０年代、一人で活字を組み印刷し好きな本を刊行していた出版社があった。刊行人鳥羽茂と書物の舞台裏の物語を探る。（長谷川郁夫）

「本をつくる」という仕事　稲泉連
ミスをなくすための校閲。本の声である書体の制作。もちろん紙も必要だ。本を支えるプロに仕事の話を聞きにいく情熱のノンフィクション。（武田砂鉄）

あしたから出版社　島田潤一郎
青春の悩める日々、創業への道のり、編集・装丁・営業の裏話、忘れがたい人たち……「ひとり出版社」を営む著者による心打つエッセイ。（頭木弘樹）

ビブリオ漫画文庫　山田英生編
古書店、図書館など、本をテーマにした傑作漫画集。主な収録作家——水木しげる、永島慎二、松本零士、つげ義春、楳図かずお、諸星大二郎ら18人。

三島由紀夫レター教室　三島由紀夫

五人の登場人物が巻き起こす様々な出来事を手紙で綴る。恋の告白・借金の申し込み・見舞状等、一風変ったユニークな文例集。（群ようこ）

コーヒーと恋愛　獅子文六

恋愛は甘くてほろ苦い。とある男女が巻き起こす恋模様をコミカルに描く昭和の傑作が、現代の「東京」によみがえる。（曽我部恵一）

七時間半　獅子文六

東京—大阪間が七時間半かかっていた昭和30年代、特急「ちどり」を舞台に乗務員とお客たちのドタバタ劇を描く隠れた名作が遂に甦る。（千野帽子）

青空娘　源氏鶏太

主人公の少女、有子が不遇な境遇から幾多の困難にぶつかりながらも健気にそれを乗り越え希望を手にする日本版シンデレラ・ストーリー。（山内マリコ）

御身　源氏鶏太

矢沢章子は突然の借金返済のため自らの体を売ることを決意する。しかし愛人契約の相手・長谷川との出会いが彼女の人生を動かしてゆく。（寺尾紗穂）

カレーライスの唄　阿川弘之

会社が倒産した！　どうしよう。美味しいカレーライスの店を始めよう。若い男女の恋と失業と起業の奮闘記。昭和娯楽小説の傑作。（平松洋子）

愛についてのデッサン　野呂邦暢　岡崎武志編

夭折の芥川賞作家が古書店を舞台に人間模様を描く「古本青春小説」。古書店の経営や流通など編者ならではの視点による解題を加え初文庫化。

おれたちと大砲　井上ひさし

家代々の尿筒掛、草履取、駕籠持、髪結、馬方、いまだ修業中の彼らは幕末の将軍様を救うべく、奮闘努力、東奔西走。爆笑、必笑の幕末青春グラフィティ。

真鍋博のプラネタリウム　真鍋博　星新一

名コンビ真鍋博と星新一。二人の最初の作品『おーい　でてこーい』他、星作品に描かれた挿絵と小説冒頭をまとめた幻の作品集。（真鍋真）

方丈記私記　堀田善衞

中世の酷薄な世相を覚めた眼で見続けた鴨長明。その人間像を自己の戦争体験に照らして語りつつ現代日本文化の深層をつく。巻末対談＝五木寛之

落穂拾い・犬の生活　小山清

明治の匂いの残る浅草に育ち、純粋無比の作品を遺して短い生涯を終えた小山清。いまなお新しい、清らかな祈りのような作品集。（三上延）

須永朝彦小説選　須永朝彦　山尾悠子編

美しき吸血鬼、チェンバロの綺羅綺羅しい響き、暗い水に潜む蛇……独自の美意識と博識で幻想文学ファンを魅了した小説作品から山尾悠子が25篇を選ぶ。

紙の罠　都筑道夫　日下三蔵編

都筑作品でも人気の〝近藤・土方シリーズ〟が遂に復活。贋札作りをめぐり巻き起こる奇想天外アクション小説。二転三転する物語の結末は予測不能。

幻の女　田中小実昌　日下三蔵編

近年、なかなか読むことが出来なかった〝幻〟のミステリ作品群が編者の詳細な解説とともに甦る。夜の街の片隅で起こる世にも奇妙な出来事たち。

第8監房　柴田錬三郎　日下三蔵編

剣豪小説の大家として知られる柴錬の現代ミステリ短篇の傑作が奇跡の文庫化。〈巧みなストーリーテリング〉と〈衝撃の結末〉で読ませる狂気の8篇。

飛田ホテル　黒岩重吾

刑期を終えたやくざ者に起きた妻の失踪を追う表題作など、大阪のどん底で交わる男女の情と性。直木賞作家の傑作ミステリ短篇集。（難波利三）

『新青年』名作コレクション　『新青年』研究会編

探偵小説の牙城として多くの作家を輩出した伝説の総合娯楽雑誌『新青年』。創刊から101年を迎え新たな視点で各時代の名作を集めたアンソロジー。

ゴシック文学入門　東雅夫編

江戸川乱歩、小泉八雲、平井呈一、日夏耿之介、澁澤龍彦、種村季弘——。「ゴシック文学」の世界へと誘う厳選評論・エッセイアンソロジーが誕生！

刀　東雅夫編

名刀、魔剣、妖刀、聖剣……古今の枠を飛び越えて「刀」にまつわる怪奇幻想の名作が集結。業物同士が唸りを上げる文豪×怪談アンソロジー、登場！

家が呼ぶ　朝宮運河編

ホラーファンにとって永遠のテーマの一つといえる「こわい家」。屋敷やマンション等をモチーフとした逃亡不可能な恐怖が襲う珠玉のアンソロジー！

品切れの際はご容赦ください

ちくま文庫

ボン書店《しょてん》の幻《まぼろし》
——モダニズム出版社《しゅっぱんしゃ》の光《ひかり》と影《かげ》

二〇〇八年十月十日　第一刷発行
二〇二五年九月五日　第五刷発行

著　者　内堀弘（うちぼり・ひろし）
発行者　増田健史
発行所　株式会社　筑摩書房
東京都台東区蔵前二―五―三　〒一一一―八七五五
電話番号　〇三―五六八七―二六〇一（代表）
装幀者　安野光雅
印刷所　三松堂印刷株式会社
製本所　三松堂印刷株式会社

ISBN978-4-480-42466-2　C0100